一個人的老後

上野千鶴子／著　楊明綺／譯

結婚也好，不結婚也罷，無論是誰，最後都是一個人。
這一刻起，妳將擁有面對生命風景的自在與期待，
獨身晚年是女人的第二人生，請大方快樂地享用！

【推薦語】

●這是一本實際而明確的單身女性生活工具書。

—李烈（電影監製）

●閱讀此書一定可以找到「不怕老」的祕訣：老不可怕，但要老而安、老而康、老而美、老而無憾、老而快樂與滿足！

—洪秀柱（立法院副院長）

●我們總是害怕變老。特別是女人，被迫每天面對五光十色青春肉體的威脅競爭。我們想成婚，想養子，讓親密關係陪伴我們變老。上野千鶴子的書《一個人的老後》，卻溫柔也殘酷地提醒我們，不論是在婚姻中，或是在婚姻外，其實終究是要一個人過。閱讀她充滿智慧的老年生活教戰手冊，我們可以開始思考，如何一步一步動身準備，過一個優雅又有尊嚴的老年生活。

【推薦語】

●一個人活得越久，變成單獨一個人的機率也越大，尤其是女性，因為壽命更長、再婚比例低而往往比男性更常獨活，因此及早規劃老年生活，已經是三十五到五十歲的女性迫切的課題。本書針對女性晚年生活的種種面向，提供貼切的建議，幫助女性安心而快樂的面對晚年。三十五歲以上的女性都需要人手一本。

——范雲（台大社會系副教授）

——廖輝英（知名小說家）

●一個人並不可怕，孤獨才是人們最不願意經歷的心情。總以為配偶、孩子、父母、兄弟姐妹才是家人，不妨推開這框架，把家變大：當下眼前出現的，都是家人。以誠相待、與人為善，從此不孤寂。

——賴佩霞（《魅力》雜誌發行人）

●作者彙整多位人生前輩的經驗，提出女性單身暮年的生活建議。這種「一個人的老後」的生活技巧無法像家傳祕法般代代相傳，一旦錯過就會自此散佚無蹤。上野教授如此無私的經驗分享，實在讓身為晚輩的我們極為感激。

——酒井順子（日本名作家）

【推薦序】諮商心理師　許皓宜

以一種「心甘情願」的智慧，面對老後的家庭關係

一場社區講座後，年邁的老太太對我說，兒子娶媳婦後，買了位於媳婦娘家附近的房子，小倆口搬出去過新婚生活，卻離她這個老媽子變得很遠。「有了媳婦，沒了娘。」老太太淚眼濛濛。我問老太太，老公呢？老太太淚水滑落更快了，「夫妻老來話不投機，有跟沒有一樣，兒子又搬出去，該怎麼辦才好？」

我拍拍老太太，心裡許多想法浮現，想告訴她「老來伴才是最重要」「與年輕輩有點距離不見得不好」「老後的自由可以享受更多的幸福」。但最終一言難盡，沒有將這麼多複雜的想法在短時間內拋給她，只能拍拍老太太、安慰她的淚水。

看到《一個人的老後》再次出版，一頁一頁翻看下去，是驚喜也是驚豔。「距離的美

感？」「同住等於孝順？」「照護的難題？」……作者將老後面臨的議題一一點出，並溫柔地傾訴所有老後會浮現的心情，告訴我們如何以一種「心甘情願」的智慧，面對老後的家庭關係，以及開創人生最後一哩的全新挑戰。有了這樣的好書，以後面對那些老後的淚水，我將不再為難，而我自己的老後，也將在這溫暖的文字中，微笑度過。

女人都要不怕老後才好，老人問題其實是女人問題

【推薦序】旅日作家　劉黎兒

《一個人的老後》？書名乍看是單身女人的老後問題，其實是每個女人的問題，因為不管有沒有結婚，女人壽命要比男人長得多。日本人及台港華人女性都比男性平均長壽近六歲，因此女人要比男人更關心老後問題！這也是上野千鶴子這本書在日本掀起熱賣風潮的原因，比起她的許多精深女性主義著作，影響都更重大。

日本女人過去不關心政治、經濟問題，但現在她們發現高齡化問題就是女性問題，八十歲以上的女性銀髮族是男性的兩倍，而且八成以上沒有配偶，女性必須自己一個人活下去。那些穿西裝的男人在討論的年金、後高齡醫療等問題，其實都是女人自己的問題，因此不能讓男性政治家胡攪亂搞。作者所說的「歐巴桑的世紀」已經來臨，女人必

須自求多福，家裡的理財、住居等重大計畫，不能再全部交給男人，因為最後必須面對的也只有女人自己。

已婚的女人到頭來還是會變成一個人；單身女人、離婚女人更是一個人。現代社會早已不是人人都必須結婚的「皆婚社會」，女人一個人沒什麼不好，這就是當今流行的「一人」。「一人」在日本幾乎專指女人，成熟的女人享有自由的獨處時間，可以單獨花用的錢較多，享受華服美食，也可以隨時出門旅行，比一頭栽進家庭的已婚女人，瀟灑而且優雅多了。不必計較丈夫的薪水多寡或擔心子女升學，可以安心在公園曬太陽或讀書、看電影，跟朋友喝茶不用看錶，惦記著得回家煮飯。女人一個人更要擔心老後問題，雖然不需依賴男人守護，天不怕地不怕，就怕老後孤苦伶仃，沒伴又貧病交迫。因此，更需要確實做些準備。

二〇三〇年時，日本人口預計約有三成為老人，將會面臨人類史無前例的超高齡化社會。但台灣的高齡化其實進行得更快，在社會保障越來越不可靠的時代，每個人都得稍微花點腦筋，想想自己的未來。尤其是沒有配偶、孩子的單身女性，更得多盤算，才會有光明的老後。雖然「老後都是女人自我責任」的說法有點殘酷，也是對自立能力差、沒元氣的人很冷漠的說法，但現實世界裡，幾乎所有政府都是超級窮政府，要依賴政府已經不大可能，就像日本的年金眼看就要破產，人人只好準備自家年金。

這個時代，自我實現比什麼都重要，女人安排生活的能力與生命的堅韌度比男人強，女人比男人更不怕單身。而且單身者越來越多，似乎就連大家一起闖紅燈都沒關係。另一方面，同種人越多，能想出的共同方策的確也會隨之增加，作者在書裡就列舉了不少可行例子。

日本女人基本上對歐巴桑世紀的來臨都滿樂觀的，即使年輕時不落單，但女人比男人長壽，最後還是得回到單身時代。喪偶或熟年離婚，男人都會因此短壽，甚至少活十年，因為男人自活能力低。女人老年喪偶反而延長許多年壽命，只是若不好好安排、面對，小心成為

經濟及朋友關係弱者；若無法安心快活度日，女人好不容易多出來的壽命反而會成為負擔。

二十一世紀確實是歐巴桑的世紀，因此最近日本關於女人未來如何生活的討論非常熱烈，從住宅問題到理財、接受護理照顧及遺產等死後的對應等等，至《一個人的老後》

出版後更是到達巔峰。

日本市場陸續誕生了新商品，有專供單身女性居住的公寓社區問世，女人與好友相約入住，到老都能互相依偎。也有人在鄉下山莊過著半自給自足的生活；有些地方政府則設有人們在沒有收入時，抵押房屋調度生活費的措施。也有幾十個女人私下規劃年金，像是終生標會般，大家都出一筆錢當基金，對出資者終生支付利息到死為止。各大保險公司、信託投資公司也針對未來的歐巴桑世紀設計了女性防老的保險、信投商品，只不過一定要先注意這些公司本身是否穩固。女人在規劃好自己的將來之前，不要先把自己的所有都交付給兄弟姊妹或最親愛的子女，剝奪他們自力更生的活力，未來也會悽慘不堪。

心理的部分也很重要。即使確保有住處、儲蓄，但未來只是一個人在陰冷的公寓裡喝茶、看電視未免太淒涼，而且健康稍有差池，便很容易喪失鬥志與生存意志。因此，還是要有隨時互相連絡的親友才好，也能共有資訊；女人是由於不孤獨，才比男人活得更有耐力、更愉快。當然，女人隨著年紀增加也會增加更多魅力，不必太過焦慮，只要稍微注意，就能永遠都是可愛可親的人。而且不管已婚未婚，只要清楚認知老人問題就是女人問題，態度積極，就能安心享受比男人更多的福分！

一個人的老後，自己安排

【推薦序】名專欄作家　薇薇夫人

「結婚也好，不結婚也罷，無論是誰，最後都是一個人。」真佩服上野千鶴子一針見血地道出人生真實結局。當然站在M型社會頂端，家大業大的人，可能會在親族「環伺」下走到人生盡頭，但大多數人在大家庭解體以後，的確到頭來就只剩下自己一個人，尤其在大都市裡。這句話提醒那些結過婚、有子女的人，不要把子女列為老後可以依靠的對象，應該像單身女人一樣，早早規劃一個人的老年生活。

這本書以女性為主要讀者，因為女人壽命平均比男性長。她統計日本六十五歲沒有另一半的高齡女性比例是五十五%，喪偶者占四十六%，離婚者占三．五%，未婚者占三．三%，而男性沒有另一半的比例則為十七%，兩者相差甚遠。台灣或全世界似乎也走向類似的發展，她說「二十一世紀是歐巴桑世紀」。

長壽的歐巴桑們要如何處理生活中的種種問題？當然是既不能靠子女，也不能靠配偶，而是要靠自己，就各自的環境、能力、資源來規劃，並且以成熟的心態，開朗的心情，將一個人的生活安排妥當，才能好好享受這段多過男性的歲月。

作者從第一章「歡迎光臨！一個人的老後」開始，把單身會碰到的各類問題一一提出，再為讀者進一步分析、建議。其中所列舉的實例，非常有趣。上野千鶴子女士提到所謂的「快樂寡婦」：「只要送走囉唆的丈夫……人生就有如再度染上春天的色彩。加上兒子對自己百依百順，儼然就像個掌握一家大權的皇太后……今天泡溫泉，明天逛街、看舞台劇……」但她接著列出當「快樂寡婦的條件」，可就不是人人辦得到了。所以，成熟的人知道，生活要按自己的條件來安排，無論是居住場所、人際關係、金錢等，都是生活中最實際的事務。無論多麼長壽，最終都得面臨死亡的到來，以及死亡前可能出現的病痛。「一睡不醒」的生命結束方式絕不是人人都可遇到，而這也是老人們普遍憂慮甚或恐懼之事。

作者認為死亡既是一定的結局，就要及早做準備，像寫遺囑，身後事如何處理等，絕不能因為害怕就逃避。

「到最後都是一個人」這句話一點都不悲涼，全看妳如何安排生活，全看妳有沒有成熟健康的心理。

【推薦序】律州法律事務所主持律師　賴芳玉

一個人，是女性人生的必做功課

讀這本書，簡直是挑戰自己的心臟，因為得學習破除很多對於「一個人」的刻板印象。

常聽人問：「妳現在一個人住嗎？」

若回答：「是啊！」

詢問的人必帶著憐憫又擔心的語氣說：「喔，一個人住要小心點！如果覺得孤單，也可以常到我家吃飯聊天啊！」

一個人，等於孤單，等於可憐。尤其人到老，一定得有個老來伴。所以當妳到老仍是一個人時，妳必然是可憐又孤單的老人。

這是所有人對於「一個人」的定義與想像。也因為這樣的刻板印象，讓很多人恐懼變成「一個人」的生活，甚至對「一個人生活」的處境，認定為悲慘而失敗的人生。但如這本書所言：「結婚也好、不結婚也罷，不論是誰，到最後都是一個人。」這是遲早必須面對的處境，我們卻一直在恐懼與抗拒。

很多女性朋友渴望結婚生子，因為有夫有子，人生才圓滿。

很多女性朋友在婚姻中擔憂先生外遇，總是帶著嚴重的不安全感，戰戰兢兢地過著她的婚姻生活。老公不可靠了，就緊緊依附著小孩；小孩長大結婚了，仍然擔心媳婦和自己搶小孩。我一直不明白女性朋友的擔憂從何而來，曾經詢問女律師：「妳們有經濟基礎，又有專業當後盾，與男性的能力不相上下，縱使失婚也不會受到任何影響。妳們是否仍然擔心另一半外遇而失婚？」答案當然是肯定的。接著我又詢問男律師，便發現男性較無這層擔憂，因此我做了一個結論，在婚姻關係中，女人比男人有更強烈的不安全感。

顯然地，這樣的擔憂不分輕熟齡或熟齡女性朋友，更不分經濟基礎好或壞。這讓我回想，唸小學時，常見女同學偕伴上廁所，走在東區，女性朋友也很少獨行逛街，若非偕夫攜子，就是三五好友相聚，更別說單獨旅遊的活動了。所以，女性朋友比男性朋友更依附在群體關係中的互動，遑論對於家庭完整性的高度渴望。然而有趣的是，在群體活動或家庭生活中，女性是扮演照顧者的責任，而非被照顧者，因此並非擔憂失婚或不婚而乏人照顧，而是恐懼一個人生活的孤獨感。

這本書破除我們對於一個人生活向來的迷思與恐懼，進而教導人們「如何一個人過生活的想像與準備」，就如同聖嚴法師所帶來的啟思：「面對它、接受它、處理它、放下它。」這是一本每人必做的功課。

【前言】

做好一個人生活的準備

生命旅程越長，越有可能只剩自己獨自走下去。

結婚也好，不結婚也罷，無論是誰，最後都是一個人。

女人最好能有此體認。

現今少子高齡化社會下，大幅縮短了女性「與家人共處」的時間。就算已走入婚姻，但以平均壽命來看，丈夫先過世的比例仍然很高。而且一般家庭只生養一、兩個小孩，孩子們總有一天也會離家獨立。

因此，女人的生存之道就不該只是放在「家人」身上，而是要做好「一個人生活」的準備，不是嗎？每個人總有一天都必須面臨獨自面對餘生的時刻，這只是時間的早晚而已。

因此，這時就輪到像我（我們）這種有經驗的單身一族來跟各位談談，如何面對單身生活。而本書的目的就是和恢復單身的你一起享受「單身晚年生活」，來聽聽在這方面經驗豐富的前輩們所給予的寶貴意見。

從前輩們的談話中我們可以知道，獨自一個人的晚年生活其實並不可怕，甚至能以此累積豐富的智慧與經驗。什麼「一個人很寂寞」、「老了沒人照顧」等種種負面訊息，早已是過時的說法。

只是，要面對「單身晚年生活」，仍然得具備一定的技巧和基本配備，換句話說，就是因應生活的軟體和硬體。關於硬體部分，指的是金錢、房子及各種參考書籍。雖然這方面很重要，但光是備妥硬體仍然不夠，我個人十分重視獨自生活的智慧，也就是所謂的軟體部分。

本書是為即將展開「單身暮年生活」的你，所準備的禮物。因為我過去也承蒙許多前輩的鼓勵，才能獨自走到現在。

歡迎加入單身一族的行列！

目錄 CONTENTS

目錄 CONTENTS

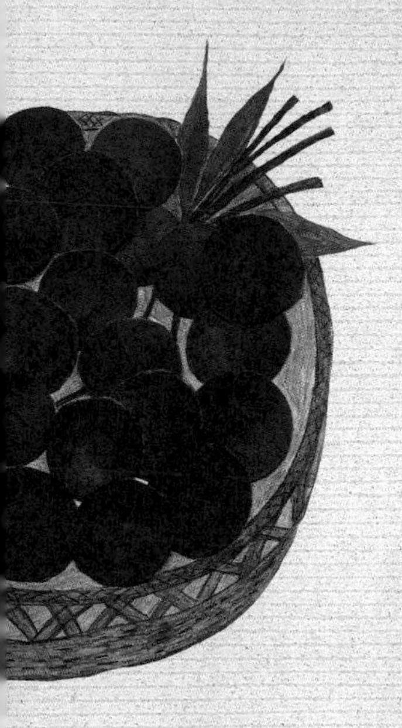

第四章　理財規劃保有無虞晚年

第五章　照護規劃人身尊嚴？

目錄 CONTENTS

第六章 及早準備迎向美好謝幕

第一章

歡迎光臨！一個人的老後

因離婚或喪偶，再度恢復單身狀態，
稱為「二度單身」。
無論資深單身或二度單身，
最後終究還是要一個人生活。
與其勉強自己與子女同住，
不如放心一個人好好過，
保持距離的美感，
才是自在的暮年人生。

人生到頭來，終究是一個人

結婚也好，不結婚也罷，無論是誰，最後都是一個人。

事實上，在日本，年過六十五歲的女性銀髮族，沒有配偶的比例為五十五%，其中喪偶者占四十六．一%，離婚者占三．五%，未婚者則占三．三%。反觀男性，則維持十七%的極低比例。女性年過八十，有八十三%處於單身狀態。

若照酒井順子在其暢銷著作《敗犬的遠吠》註1中的說法，我就是所謂「敗犬」一族的前輩。只是，比起已過世的日本女性政治家市川房枝女士和年過八十的土井貴子女士，我可就差得遠了。她們那個世代的未婚比例不到二%，是個連阿貓阿狗都能結婚的時代，所以當時的「敗犬」算是稀有族群。

雖然日後未婚女性仍然持續增加，但在我這一代仍屬少數，到了步入四十大關的酒井小姐那一代，「未婚女性」可就不算少了。只是，無論結婚與否，都只是女人人生中的一種選擇。在現今晚婚化的時代，雖然常有人開玩笑地表示：「就算過了適婚年齡再結婚也無所謂。」然而，始終結不了婚的「敗犬」一族與日俱增卻也是不爭的事實。

二十一世紀是歐巴桑世紀

根據世界衛生組織（WTO）《世界衛生統計》二〇一二的日本男女平均壽命達八十四歲。日本女性的平均壽命達八十七歲，日本男性的平均壽命則是八十歲。所謂「平均壽命」，是指該年度初生零歲嬰兒到死亡年齡的平均餘命[註2]。因為很多人都過不了五十歲大關，只要活過五十歲，通常還可以再活更長一段時間。雖然不見得每個人都有「活到五十五歲，未來還有三十年可活」的機會，但這就是所謂平均壽命的涵義。

隨著年齡的增加，女性人口所占的比例越高。先進國家的零歲人口出生性別比，女男比例約為一〇〇比一〇五。而二〇一二年日本六十五至七十四歲的高齡女男人口比為一〇〇比八十九．七；七十五歲則為一〇〇比六十一．八，女性所占比例有增加的趨勢。

而絕大部分的高齡者設施中，居住者都以女性占壓倒性多數，甚至可以說「二十一

註1：《敗犬的遠吠》原書名為《負け犬及遠吠え》，講談社二〇〇三年出版。

註2：原文為「Life Expectancy AT Some Age」，人口學上描述壽命的專有名詞，平均餘命是餘命的平均值，又稱為生命期望值。統計每個年齡之存活者，未來平均還有多少壽命，長短依年齡不同而有所差異，一般來說，年齡越高平均餘命越少。

世紀是歐巴桑世紀」。

歡迎恢復單身生活

一般來說，因離婚或喪偶，再度恢復單身生活，稱為「二度單身」，但這個結果和「始終單身」的人其實沒什麼不同。

越來越多年過四十五歲的人，因離婚或喪偶，而再度恢復單身生活。由於已婚者和未婚者的生活方式並不相同，對始終保持單身的人來說，面對已婚者，總有種「完全不知道和滿口丈夫、孩子的女人聊什麼」的感覺，所以對於「二度單身」者，才會有歡迎遠行好友回家的感觸。

我自己也會有這種始終等待遠行好友回家的感覺，有時甚至會感嘆：「大家的人生到頭來，其實都走向同一條路嘛！」

其實，這些二度單身女性「與家人共處」的時間並不長。在現今大多只生養一、兩個孩子的情況下，孩子們因升學、就業等因素，終究會離家獨立，有的孩子甚至成了單身寄生族，和父母間的關係宛如房東與房客。這些女性恢復單身生活後，就不用再當個為了準備飯菜而匆忙趕回家的「灰姑娘」。長久以來，一直扮演著每到傍晚時分就得回家準備晚餐的母親或妻子角色，現在就算毫無顧忌地通宵夜遊，也沒有人會說閒話。

過去，人們稱這些女性為「快樂寡婦」。只要送走囉唆的丈夫，當個快樂寡婦，人生就有如再度染上春天的色彩，加上兒子對自己百依百順，簡直就像個掌握一家大權的皇太后（就是所謂的「垂簾聽政」）。今天泡溫泉，明天逛街、看舞台劇，日本女人在家中的地位著實「提升」不少。

然而，在現今高齡化社會中的女性，只要丈夫不比自己早走一步，也就沒辦法趁身體狀況尚佳時，當個「快樂寡婦」。在我看來，老年離婚的比例之所以逐年增加，也許就是因為這些「忍無可忍」的女性，對自己的丈夫所使出的殺手鐧吧？當然，我相信也有人老早就把丈夫調教得服服貼貼，讓自己可以恣意地旅行或夜遊。

事實上，只要邀約年過四十歲、已婚的女性好友出遊或外宿旅行，大抵都能成行，而且彼此也不會提起「老公的晚餐怎麼解決？」等煞風景的問題。

快樂寡婦的條件

單身者都很自在獨立，因為時間（當然金錢最好也是）都由自己掌控。而當個「快

※LIFE 熟齡生活指南　台灣高齡者現狀，請參閱別冊第1頁「樂在迎接老後單身生活」一文。

樂寡婦」的條件就是：身強體壯、有錢有閒，並且能擁有自己專屬的空間。金錢方面，就算女性本身沒有收入，也還有丈夫的遺族年金可領。日本從二〇〇七年開始，夫妻離婚採取年金分割制度[註3]，可能因此而造成熟年離婚的比例在短時間內急速增加。

有人說：「家庭主婦彷彿隨時處於待機狀態。」雖然三房兩廳大小的房子，也許無須花太多時間整理，但女兒放學回家，準備上補習班前必須先吃飽再出門，還得替結束社團活動返家的兒子準備飯菜，或為加班晚歸的丈夫備妥熱騰騰的晚餐。要是突然下雨，甚至得開車去車站接沒帶傘的丈夫。

像這樣為了家人必須騰出時間、隨時待命的婆婆媽媽們，究竟有多少屬於自己的時間？大概也只有趁丈夫偶爾在假日出差，兒子出遠門參加足球比賽，女兒不用模擬考才能感受到：「太好了！今天一整天都是我自己的時間！」對這不可多得的空閒，產生久違、徹底解放的輕鬆感。只要恢復單身生活，這種時間就不再是奢求。

女人五十才開始

好友惠利子（以下沒有姓氏的人名皆為假名）與丈夫是公認的鶼鰈情深，沒想到她年過五十歲時，丈夫卻先走一步。當時周遭朋友都很擔心惠利子會就此一蹶不振，沒想到她的生活反而過得非常充實。

「多虧了他，我現在才能過這樣的日子。」她感觸良多地說道。其實，五十歲的女人還是活力十足，仍然對許多事情興味盎然。

惠利子的丈夫還在世時，熱愛旅行的夫妻倆總會利用長假一起出國散心，所以當時她少有機會和女性朋友往來。現在的惠利子則時常和朋友相約出遊，享受愉快的海外旅遊或溫泉假期，也常常出借自宅，舉辦各種活動。有一次她幫一位女性候選人輔選時，甚至提供自宅當作競選總部。從我的角度來看，她自從恢復單身生活後，便能盡情四處遊山玩水，要是另一半還在世，多少有些顧慮，也許就沒辦法這麼自由自在過日子了。

夫妻感情好，一起外出旅行自然愉快；若感情不好，那兩人的旅行就像是「酷刑」般難熬，而且旅行時費心的多半只有妻子一人。根據美國的一項統計，長假後離婚的比例特別高，所以夫妻倆單獨相處好壞參半。也許正是明白這個道理，我有一個名叫佳枝的朋友，她們夫妻出國總是選擇團體旅遊。因為她先生老是喜歡向同團的年輕女孩搭訕，佳枝覺得丈夫獨自跟團出遊也可以玩得盡興，自己也犯不著出門「侍候老爺」。

單身女性無須看他人臉色過活，也無須為了誰隨時待命，擁有完全專屬自己的時

註3：在日本，夫妻有婚姻關係期間所繳的保險費視為夫妻共同繳納，所以離婚後，對方可分得厚生年金，政府會將年金匯入各自的戶頭，因此不會有一方領不到年金的情形。

間。至於這種時間究竟是地獄還是天堂，端看個人如何應用了。

「子孫滿堂」並不等於幸福晚年

未婚與二度單身最大的差異，在於生養孩子與否。身為「敗犬」除了「沒有配偶」，還包括「沒有小孩」。雖然「勝犬」總有一天也會面臨失去配偶的情況，但仍然可能有孩子陪伴在身旁，光是這點，「敗犬」就屈居下風。但問題是，在現今這個時代，「養兒」真能「防老」嗎？

雖然高齡化日益明顯，但銀髮族與子女同住的比例卻逐年下降。六十五歲以上的銀髮族與子女同住的比例，從一九八〇年的七〇％左右，已逐年遞減至二〇〇〇年的五〇％以下，至二〇一二年甚至下降至僅剩約四成。相反地，只有高齡夫婦二人同住的家庭與單身家庭的比例卻不斷增加。

在現今一般高齡者的生活方式中，夫婦倆都還健在的家庭便同住照應；若配偶需要照護，則另一半會負起照護之責，待配偶過世後再搬去與孩子同住。

若高齡八十還得照顧另一半，此時孩子也已年過五十，多已離開父母、成家立業，日後若選擇和孩子同住，勢必得離開熟悉的居住環境。

因為仍須工作的孩子無法離開現在所住的環境，若與兒子夫婦同住，孫子已長大成人，媳婦早已是當家女主人，搬進兒子家，勢必一切都得按照這裡的規矩來生活。**活到一把年紀，失去熟悉的生活環境與朋友，勉強自己適應陌生環境，遵守別人家的規矩，甚至還可能需要他人照護，像是他人眼中的「麻煩製造機」，又有何幸福可言？**事實上，一項高齡者的幸福滿意度調查報告顯示，日後才搬去和子女同住的年長者，在幸福滿意度上，明顯要比一開始就和子女同住或單身的銀髮族來得低。

現今社會早已不時興所謂的「子孫滿堂才有幸福晚年」的觀念。八、九十歲的年長者，其第二代已屆五、六十歲，第三代也已經是三十多歲的成年人。八〇年代曾有人反駁日本前首相中曾根康弘所提倡的「子孫承歡膝下才是幸福」，諷刺道：「讓三十幾歲的孫子坐在大腿上，只會讓大腿骨折。」而這位關心超高齡化社會的先驅，就是提倡改善高齡社會的女性代表樋口惠子女士。

同住與否令人左右為難

雖然無法從幸福滿意度調查報告中，找出什麼具體解決方式，但我們仍然可以發現，高齡夫妻同住的家庭中，已有越來越多人，在配偶過世後選擇繼續獨居，這也使得高齡者獨居的比例節節升高。

一九八〇年的高齡家庭中，只有夫婦兩人同住的比例為一九．六％，二〇〇〇年為三三．一％，二〇一二年則成長至三七．五％；一九八〇年單身家庭的比例為九．五％，二〇〇〇年則為一四．一％，二〇一二年則成長至一六．一％。兩者在比例上都比過去高。只有與子女同住的家庭比例從二〇〇〇年的四九．一％降至二〇一二年的四二．三％，夫婦同住與單身家庭的比例則增加。

與高齡者同住的家庭比例，依經濟狀況不同而有差異。比較上、中、下階層的資料可以發現，上層與下層的同住比例較低，中間階層較高，意即經濟狀況與同住比例並沒有絕對的關係。換句話說，居家空間寬敞與否並非決定同住與否的因素。

經濟狀況欠佳的家庭，高齡父母就算想與子女同住，子女也沒有餘力負擔，只好選擇「丟下父母，另外居住」；經濟狀況極佳的家庭，雖然子女有能力負擔，但老人家卻寧可「自願分居」。相較於此，經濟狀況尚可的家庭，既不忍心丟下年邁雙親不管，卻也只能勉強維持兩代的生活開銷，我想這就是所謂的「勉強同住」吧。若經濟能力許可，父母也希望分開住，那正是皆大歡喜的結果，最典型的例子便是日本皇室。然而，關於是否同住的問題，無論從哪一方來看，似乎都不算是「自願」的選擇。

子女的甜蜜謊言

「媽，妳一個人住不太安全，還得處處小心火燭，要不要搬來和我們一起住？」

子女開口邀年邁父母同住時，常會這麼說，而我稱此為「甜蜜謊言」。

其實，大部分子女都只以自我為中心，不會太體貼父母，凡事以自己的利益為優先考量，總是想著「如果發生火災之類的，我們還得幫忙收拾善後」或是「需要照護的話，兩地奔波可就麻煩了」。若父母名下有不動產，搞不好還打著「只要照顧到最後，也許就可以獨占遺產」的如意算盤；也可能只是在意別人的眼光，擔心自己「丟著老爸老媽不聞不問，搞不好會被人說是不孝子」。當然，也有人貪圖自己的方便，心想「與其住得遠還得多操心，不如住在一起，方便照顧」；甚至有人是因為「丟下他一個人不管，我是不是太不孝了？」心生罪惡感才邀父母同住。

根據調查，子女之所以替父母申請照護服務，多半是出於自己「明明做得到卻不做」的自責感，我稱這種照護為「義務照護」或「面子照護」。然而，不管是義務或面子，都只是子女不得已之下的選擇，而照顧父母又豈能出於這種動機。

雖然我沒有小孩，不是很清楚詳細狀況，但隨著孩子長大成人，可能有許多父母不但得當「孝子」（孝順自己的孩子），甚至要看孩子的臉色過日子。

「媽，搬來和我們一起住吧。」不少人往往會誤會孩子的這類提議，是對自己的一片孝心。也有些人因為不曉得孩子何時會開口邀約同住，遲遲無法決定是否翻修房子，或猶豫著是否要搬進銀髮族專屬住宅。既然如此，這些人自然就沒有立場，去取笑不知何時能找到結婚對象，遲遲無法規劃人生藍圖才步入晚婚生涯的敗犬一族。

麻煩的是，偏偏子女們也誤認為開口邀父母同住，是一種犧牲自我、孝順父母的表現。我就認識好幾個自責「明明可以盡點孝心，卻沒有採取實際行動」的女兒或媳婦。

正因為父母和子女都是善良老實的人，所以才會有同住的提議，但無論對哪一方而言，這些話聽起來都像是「甜蜜謊言」。

距離也是一種美感

自從母親去世後，獨居的父親似乎曾私下向親友吐露，希望能和我同住。父親去世後，我從家人口中得知此事時，深感驚訝。

現在想想，那時我的確隱約感覺得到，父親期待剛與男友分手、恢復單身的我能陪在他身邊一起生活。畢竟，在我與男友同住時，父親總是有所顧慮，所以當我恢復單身後，就比較方便長久同住。

只是，好面子的父親始終沒有開口。「爸，你搬來和我一起住吧！」一心期盼我能主動開口的父親，只好向其他家人透露這個願望了。

有時我會想，如果父親真的開口，我會如何回應？

我想，我大概還是會很乾脆地拒絕吧。因為我很清楚，要和有些任性、固執的父親住在一起，肯定會讓彼此過得很痛苦。當一週、兩週的孝順乖女兒還可以，如果是一個月或一年，可就沒辦法了。而這其中的恩怨糾葛，也是從經年累月的經驗中才能得知的啊！

因此，若想當個「孝順」的女兒，還是保持點距離，才能維持長久的親子關係。這是我個人十分現實的判斷。

為了孝順勉強同住的後遺症

我的大嫂對自己沒有開口邀父親同住甚為自責，但就現實考量，這才是對雙方都好的作法。雖然日本社會認為「接父母同住」是孝順的表現，但其實這種觀念並不正確。

「老爸、老媽，搬過來和我們一起住吧。」面對兒女這種「甜蜜謊言」，年長者可以很乾脆地回答：「謝謝，很高興你有這份孝心，但我還是想留在這裡。」這樣的回答，才是真正的彼此體貼。

「真的嗎？太好了。」一旦接受邀約、住在一起，不但可能會失去安穩的晚年生活，就連親子關係也可能產生裂痕。

「這是我自願的，其實一個人住也挺好的。老媽我啊，有時候也想我行我素一下。」通常，子女都要聽到父母乾脆地拒絕，才能安心，消弭心中的罪惡感。

不管父母還是子女，誰都不願意當「壞人」。**與其搬去與子女同住後，才發現子女負擔不了照護之責，最後只能遷往老人照護中心之類的設施，還不如始終住在自己熟悉的地方，安度餘生。**因此，我將在本書中陸續為各位介紹，日本各地不倚靠子女也能安心養老的照護資源所需具備的軟硬體條件。

獨自生活的自願與非自願

有人自願選擇獨居生活；也有人迫於無奈才做此選擇。另一方面，有人和喜歡的人住在一起；也有人勉強自己和別人同住（好像後者居多）。

總之，每個人過獨居生活的理由各不相同。

我為了寫這本書，曾採訪多位過著單身生活的女性，發現每個人在展開獨居生活前，都有一段好長好長的故事。

獨居生活千百種

「人出生時孑然一身，死時也孑然一身」，但就生物學來說，這個說法並不正確，因為人出生時，至少還有母親在身旁。

社會學中，將一個人出生的家庭稱為「原生家庭」，成家後的家庭稱為「婚姻家庭」，而幾乎每個人都有所謂的原生家庭。日本社會學家山田昌弘將長大成人卻未離家獨立的子女，稱為「單身寄生族」，這些人雖然是未婚的「單身者」，卻不是過著「獨居生活」[註4]。

現今的日本，由於升學和就業等各種因素，離開原生家庭的年輕人日漸增加。根據統計，單身家庭的比例之所以提高，就是由於未婚人口以及獨居老人不斷增加的緣故。

隨著晚婚、不婚族的增加，有獨居生活經驗的人也在人口中提高了不少比例。根據我在大學中指導的研究小組，以「同居情侶的家事分擔」為題所做的畢業論文研究中，

註4：源於山田昌弘著作《パラサイト・シングルの時代》，筑摩書房一九九九年出版。

一般曾有獨居生活經驗的男性都有較佳、較主動的家事處理能力，所以會分擔家中的清潔工作。若要選擇另一半的話，當然是選有獨居經驗的男人，畢竟自動自發也是新好男人的條件之一。

此外，在日本，曾經待過大型企業的上班族，幾乎半數以上都曾有過單身赴任的經驗，而中高年男性的獨居比例也在攀升之中。為了維持自己平時的飲食品質和生活水準，這些男性多半都具備家事能力。由此可見，獨居生活並非只是未婚者的專利。

最忠實的人生伴侶還是自己

對年紀稍長的女性而言，獨立生活是種夢想，婚姻則是脫離原生家庭的一種選擇。因此一心想離家獨立的女人便以男人為踏板，一頭栽進婚姻中。但問題是，這樣的婚姻生活怎麼可能幸福？

以往，對於幸福婚姻的定義，就是父親親手將愛女交給她的丈夫，甚至直到現在，有些婚禮儀式仍然沿襲著這項傳統。「我會一輩子疼愛您的女兒。」新郎會這麼說，是表示願意負起保護心愛女人的責任，我記得日本皇太子也曾經對雅子妃的父親這麼說過。**但我個人認為，若要由別的男人來「守護自己一生」，那就大可不必了。**

在我這個世代和我的上一個世代中，離開父母身邊，嫁作人婦，懷孕生產，為人母親，含莘茹苦地養育子女，是大部分女性必經的人生歷程。然而今日不同以往的是，**隨著子女的晚婚、不婚日趨盛行，新生兒人數銳減，加上現今社會普遍都是婚後另組家庭，留在原生家庭中的都是未婚子女，也可能是造成女性晚婚的原因之一**。女兒之所以成為單身寄生族，是因為父母不會像過去那樣對子女施壓，認為「就是因為妳賴在家裡，妳哥才會討不到老婆」。

對大多數女性而言，再度恢復單身就是度過子女相繼離家獨立、只剩下丈夫和自己、照顧丈夫等漫長的過程。「不想孤零零一個人」或「不想過著家裡只剩自己和老公的日子」，對於有此想法的女性而言，子女便是寶貴的資產，她們心裡總是抱持著無論孩子幾歲，都想把他們留在身邊的念頭。因此，之所以產生單身寄生族，其實是子女抓住父母私欲的弱點，所打出來的如意算盤。

「兩個人」變「一個人」是必經之路

從「兩個人」變成「一個人」，必須經歷一段過程，也就是一種喪失的經驗。此時最令人傷心的，莫過於失去朝夕相處的另一半。雖然也有所謂的「痛失寵物症候群」，但哀痛的程度絕對無法與失去配偶相比。

如果認為這種情感只會發生在鶼鰈情深的夫妻身上，其實太過武斷，畢竟夫妻關係是一種相當複雜的情感。

尤其是攜手度過漫長歲月的夫妻，彼此的愛憎關係，就像是定家葛纏繞著式子內親王的墳塚般，糾纏不已[註5]。

男人無法承受之重

雖然我的父母稱不上恩愛夫妻，但父親總是非常依賴母親。應該說，因為他沒有其他選擇，所以無論生活還是感情上，一切都得依賴妻子，要是失去了這項支柱，生活便會一潰而散。

母親臨終前還直叨唸著：「他那個人啊，要是沒有我的話，大概什麼都沒辦法做吧。」（這麼說來，才會有那麼多即使遭受家暴仍不願離婚的婦女。）心裡始終掛念著被自己獨自留在人世的父親。

「一天也好，希望我能活得比老爸久一點。」母親如此祈求。

「神明在上，保佑我母親能比我父親長壽。」身為子女的我們也一心祈禱著。但母親終究不敵癌症侵襲，與世長辭。遭逢喪妻之痛的父親變得十分憔悴，我們也以為父親應該不久於人世。母親去世後，父親獨自度過十個年頭，「失去老媽（妻子）的人生已經沒什麼樂趣可言。」父親曾經如此說道，並且過著日復一日足不出戶的日子。

藝文評論家江藤淳先生，在妻子去世不到一年後，便因為承受不了喪妻之痛，自殺結束生命，與其說是追隨愛妻的腳步，不如說是無法面對痛失身心支柱的人生。

夫妻關係的不可思議

另一方面，妻子的心態也頗令人費解。根據近年的資料顯示，配偶健在的七十多歲男性所承受的壓力，比起年齡相仿且配偶健在的女性要來得小。至於同世代配偶健在的女性與喪偶的女性，後者的壓力則相對小得多。然而，儘管是「相看兩厭」的怨偶，妻子面對丈夫先走一步的事實，仍然哀傷不已，這就是夫妻關係不可思議之處。

有位即將步入六十大關的女性友人，總是抱怨丈夫的不是，後來她先生因病去世。

註5：相傳平安時代藤原定家對白河天皇的三皇女式子內親王懷有愛慕之情，執著的心意直到式子內親王去世後，仍然化作葛藤守護著墳塚。

有次與許久未見的她相約碰面，只見她一臉憔悴，感觸良多地說：「明明老想著要是他不在就好了，沒想到等他真的走了，我會這麼難受。」

一早醒來直到晚上睡覺都會碰面的彼此，就算無話可說也得同桌吃飯，一起看電視、挖苦藝人，共同分享子女兒孫的喜怒哀樂，日復一日地長久相處下來，另一半就像「空氣般的存在」。正因為是「空氣」，一旦失去了便令人窒息，這就是夫妻之間愛憎的深度。若失去了這種持續數十年的緊密關係，孤單、失落的心情是可想而知的。

在一起，才覺得寂寞

儘管如此，單身一族肯定想要反駁：「這可不一定！不懂得規劃生活的你（妳），也得負點責任吧。」

每個人一天都只有二十四小時，若大半時間都與家人共度，與家人以外的人相處的時間，自然就被壓縮，所謂「兩個人的孤獨」，正是指因為在一起，才覺得寂寞。

與有家室者相比，單身者的優點在於能輕鬆接受別人的好意，尤其用餐時，更是充分發揮這份無拘無束的優點。以我自己為例，想請朋友吃飯時，比起已有家室的朋友，單身友人的確比較容易邀約。

換個角度來看，也是相同的道理。單身一人時，別人也較能輕鬆開口邀約：「要不要來我家吃飯？」「乾脆留下來住一晚吧？」「不嫌棄的話，可以睡我家客廳的沙發」「我會出幾天遠門，要不要來住我家？」

出國旅行時，也許會有臨時來自各方朋友的好意，這時我會開心地取消飯店訂房，到朋友家作客。但有另一半的話，可就沒這麼方便了。至少別人就會不好意思開口提議：「不嫌棄的話，可以睡我家客廳的沙發。」

你可以選擇一個人的生活

丈夫先走一步

君江在丈夫退休後，為了一圓丈夫長年的夢想，夫婦倆決定從都市搬到鄉間，過著與大自然為伍的悠閒生活。沒想到正當他們準備享受新生活時，丈夫卻突然身體不適，罹患了癌症。

在鄉下地方尋求最妥善的醫療支援，困難度可想而知。於是君江總是陪著丈夫，長途跋涉，往返住家和東京的醫院。為了提高病人的免疫力，主治醫師建議讓病人過自己想過的生活，當然君江的丈夫也捨不得離開那座不論早晚都有鳥兒造訪的山莊。

夫婦倆合力對抗病魔，彼此間的羈絆也比以往更深。她不眠不休地照顧丈夫，最後丈夫也滿心感激地離開人世。對於自己盡心盡力的付出，君江覺得很安慰也很值得。

他們居住的山莊位於海拔一千六百公尺的山間，寒冬時期連道路都會被冰封。送走丈夫後，七十幾歲的她更無法離開那裡，因為那是丈夫深愛的住所，處處充滿與丈夫的點滴回憶。蓋在別墅區的山莊，一到冬天室內必須開暖氣，她將自己的臥室，從除了客人來訪外完全沒有機會使用的二樓搬到一樓，經過一番整理的住所，空間不大，但住起來十分舒適。

住在都會區的兒子曾向她提議：「媽，搬來跟我們一起住吧。」但對她而言，這裡才是最棒的安身之處。就連寒冬時分，小鳥仍會飛到覆滿白雪的陽台上，而每日早晨，餵鳥就成了君江的一大樂趣。

君江深愛丈夫，也尊敬丈夫。看到另一半堅毅地對抗病魔，還不忘展現幽默的一面，讓她打從心底佩服。正因為選擇在此處迎向「兩人」生活的終章，才能獲得比過去更緊密的夫妻關係。

還有一位高齡長者佐代子，在另一半去世後也選擇了山居生活。

佐代子五十多歲時，丈夫先走一步。當時她便婉拒了離家獨立子女們的同住邀約，年過六十仍然選擇獨居生活。她生平第一次作主蓋了棟屬於自己的房子，搬離了長年居住的都會區公寓大樓。一問之下，才發現十分擅長栽種香料和蘭花的她，其實一直夢想著住在有庭院的房子。雖然丈夫過世令人感傷，但若工作忙碌的丈夫還在世，應該沒有機會過這種親近自然的生活，所以她也沒想到自己竟能一圓多年來的夢想。

不論是君江還是佐代子，兩人都選擇一個人過生活，而不是與子女同住或是住在子女家附近。雖然兩位女性都展現了堅強的韌性，但佐代子也表示：「老伴還在世時，我都是依著他的意思生活呢！」而現在的她，神采奕奕，簡直判若兩人。

失去的確是種痛苦的經驗。**但失去的同時，也是告訴自己必須獨立的時候。**而遲遲無法從失去另一半的哀痛中重新站起的人，似乎以男性居多。

君江無法離開充滿與丈夫共同回憶的家，佐代子則是賣掉了曾與丈夫同住的房子，展開全新的生活。就算繼續住在同一處住所，失去另一半的獨居生活也截然不同。她們都與丈夫有著深厚的感情，也竭盡心力支持丈夫抵抗病魔，給予無微不至的照顧。我想順利度過兩人生活的人，想必也能欣然接受一個人的獨居生活吧。

離開婚姻的束縛

若打算一個人住，就要確保擁有專屬的生活空間。我想，有個專屬自己的家，應該是單身一族的夢想吧，而要一償宿願，其實也並非難事。

與丈夫離婚後的浩子，待子女長大成人便搬到郊區，獨自住在自己一手打造的房子裡，投入大自然的懷抱一直是她的夢想。

浩子獨自生活在自己打造的樂園裡，實現自己的夢想，迎接二度單身的老年生活。這間房子不是為了與家人同住才蓋的，而是為了自己，所以無須顧慮任何人，完全按照自己的喜好建造即可。

對男人而言，買房子是件極為慎重的大事，也是一種自我價值與能力的肯定，但對女人而言，也許算是一種無與倫比的生活樂趣。

年長女性的住所，不求彰顯社會地位與身分，只求能住得舒適快活。若選在地價便宜的郊區，以實惠的價格自建一棟房子，其實不會花多少錢，要比在都會區買一戶公寓住宅來得划算。今日，不管是隔熱、保暖或隱密性等各方面，房屋的機能可說是越來越先進。

我輾轉住過多次公寓住宅，每一處都是早就蓋好的成屋，也有幾次借住別人家中的經驗。雖然我的個性十分隨遇而安，但走完人生旅程前，我也想蓋一棟夢想中的城堡。

始終獨自一個人

身為不婚族的和美，在她那個世代算是少數族群。辛苦工作多年，在六十歲退休的她，某次前往友人的別墅度假，在附近發現了一塊感覺不錯的土地，於是便買了下來，蓋了一棟夢想中的最後居所。

獨棟式平房南邊的庭院還有塊小菜園，地方不大卻種滿農作物，這正是她長久以來的夢想。她那吃苦耐勞的個性也在這裡得到充分的發揮，沒有任何農事經驗的她，居然能夠收成令當地農家都驚豔的漂亮茄子和番茄，不曉得我是否也能加入她的行列呢？

身體健康又勤快、樂善好施，讓周遭人們羨慕不已的和美，在如願過了五年夢想中的生活後，突然發現自己罹患癌症，不久便離開人世。現在她的夢幻城堡成了弟弟夫婦偶爾造訪的別所，而房子南邊的菜園則已消失無蹤。

不管是君江的丈夫、還是和美，要是能夠早點圓夢就好了。

人生充滿意想不到的緣分

雖然對年過五十因喪偶恢復單身的君江，或年過四十因離婚回歸單身的浩子而言，問這個問題稍嫌失禮，但我還是斗膽請教：

「失去另一半後，是否有過再婚的念頭？」

君江的丈夫在往生前就為她打點好一切，才帶著對妻子的感謝離開人世。「答應我，別再嫁給別的男人。」她的丈夫生前曾如此說過，雖然君江嘴上叨唸著：「他還真是任性呢！」卻也一直信守著約定。

浩子則表示：「當然有想過這個問題，但看得上眼的男人一個個都走了。」因為她似乎只中意比自己年長、值得尊敬的男人。

隨著年紀越長，戀愛的選擇範圍也變得越小，其實若不問年齡和工作，就能多一點選擇。此外，**這時和另一半的關係也從以「守護」為出發點的庇護關係，轉變成志同道合的伙伴關係，甚至能包容對方的年輕氣盛與幼稚，也能藉著與他人相遇，發現自己意想不到的另一面。**

梅開二度的可能性

高齡單身資深前輩——日本知名評論家樋口惠子女士，三十幾歲時另一半離開人世，年過四十梅開二度，六十歲後第二任丈夫過世，又再度恢復單身。她的電子郵件地址就分別取自父親、第一任和第二任丈夫名字的第一個英文字組合而成，藉此表達自己對於養育、鼓勵、支持她的這三個男人的感謝之意。聽在受盡男人煎熬的女性朋友耳裡，肯定很羨慕吧。在她那個世代，女人要出頭，男人可以說扮演著極為重要的良師益友角色（從旁指導、鼓勵）。

樋口女士是個浪漫主義者，曾有人聽到電子郵件地址的由來時，問她：「要是遇到第四個男人的話，怎麼辦？」這當然不是玩笑話，**雖然即將迎接中年危機的半熟女，也常將「女人也有保存期限」等話掛在嘴邊，不過熟女的人生漫長，充滿意想不到的緣分**，也許高齡七十的樋口女士，還會發生什麼緣分巧遇也說不定。

我之所以這麼說是有理由的。根據資料顯示，喜歡婚姻的人不會記取教訓，會數度步入婚姻，但不婚族則傾向一直維持著單身生活。

知名評論家石垣綾子女士與在美國十分活躍的畫家石垣榮太郎先生，是對人人稱羨的神仙伴侶，石垣先生過世不到一年，她又再度步入婚姻。只是，最愛的另一半才離世不久，這樣的決定總會引人非議，但不顧周遭反對的她，說道：

「因為前一段婚姻實在太幸福了，所以讓我毫不考慮地再婚。」

雖然第二段婚姻維持了短暫的時間便以離婚收場，但我仍能理解她想再婚的心情。

相愛不同居

隨著離婚數字攀升，再婚比例也隨之增加。只是，在我身邊仍有許多二度單身的朋友，無論是離婚或喪偶，都勇於追求新戀情，卻多半不打算結婚或同居。

離婚後獨自撫養兩個十多歲男孩的幸子，雖然有男友卻不打算再婚，她要兒子們叫男友「叔叔」，兩人始終保持這樣的關係交往著。和不太關心家人的前夫相比，這位「叔叔」不但博學多聞，而且和兩個兒子相處得十分融洽。但是若硬要孩子們喊男友「爸爸」，那她和正處敏感青春期的兒子們，在關係上也許會變得尷尬而彆扭吧。

等兒子長大成人後，幸子計畫搬離原本居住的獨棟房屋，和男友住在同一棟公寓，毗鄰而居，時而一起吃飯、時而結伴旅行，維持長久安穩的關係。我曾造訪她家，也看過她的臥室，裡頭放的不是雙人床而是單人床。這種以「獨居生活」為基礎，選擇「偶爾享受兩人世界」的作法，不但是她充滿人生智慧的個人風格，似乎也過得十分幸福。

一個人住也有精采人生

一個人住一定很寂寞吧？

美國的住宅都很寬敞舒適，通常都是在廣闊的土地上蓋一棟美式風格的房子，而且和諧美觀、鱗次櫛比的郊區美景，擁有日本住宅所缺少的活潑感。

在紐約州北部的康乃爾大學附近，有座名為「伊沙加」的小鎮，擁有庭院裡松鼠出沒的天然景致。六十多歲的美國日語教學界權威艾林諾爾．喬丹博士就定居在這裡。

喬丹教授熟知日本人學習英語的盲點，而開設以日本人為授課對象的密集英語課程，二十年前某次她邀請所有學生到家中參加聚會，有位帶著家人一同前往的同學（當然是男性），在回家路上對我說：

「教授一個人住那麼大的房子，一定很寂寞吧。」

※**LIFE 熟齡生活指南** 銀髮族穿的問題，請參閱別冊第26頁「穿得美麗又舒適」一文。

我當時忍不住笑了出來，笑他多管閒事。

許多美國職業婦女都有離婚的經驗，喬丹教授也是其中一員。孩子長大成人後，她獨自住在偌大的房子裡，這是很令人羨慕的事，沒必要同情吧。

日後，我又認識了幾位住在獨棟住宅，同樣也過著單身生活的年長女性。輪椅等輔助工具也能輕鬆進出的居家空間，以及恆溫暖氣設備（當時我連中央空調這種東西都不知道），就足以讓二十年前的日本人羨慕了。日後，日本總算推出適合高齡者居住的住宅，即使房子再大也無須擔心，若有無法解決的日常維修問題，只要委外處理即可。

真想讓那些以為彼此像蜜糖般形影不離，生活就不會寂寞的膚淺傢伙，感受一下這種完善方便的生活。所以，別再說什麼銀髮族「一個人住一定很寂寞吧」之類的話，尤其當事人自願選擇這樣的生活方式時，這種話聽起來更是十足多管閒事。

一如之前的資料顯示，**高齡者獨居的比例日漸增加，既然要住，與其住在生活品質不好的木造公寓，若經濟許可，不如蓋棟有中央空調的獨棟樓房，住起來更舒適愜意。**

第二章

居住品質 決定 生活品質

獨居生活者，
有自己的房產也好，入居銀髮村也罷，
最重要的就是要住得安心、習慣。
不管是親近大自然，享受野外鄉村景致，
或是入住醫療資源豐富的都會型公寓住宅，
只要能覓得一處滿足身心靈的自在之所，
一個人住也能安度晚年。

老後的家指的是「獨自生活」的家

不用再為家人和工作而煩惱，只為了自己好好享受人生的基本條件，就是「有一處專屬自己的住所」。

我一直覺得有件事很不可思議。

不管是住院病患，還是住進照護設施的年長者，總會表示「想回到自己的家」。之所以將病患和健康的高齡者全集中於一處，其實並不是為了當事人著想，而是為了方便看顧與照護。若是醫療機構，因為是以治療為目的，病人還可以忍受一段時日，期待身體康復後回家。然而，對許多老人而言，一旦住進照護設施，便再也沒有離開的機會。

這讓我想起，曾擔任特別照護老人之家警衛的小笠原和彥先生在日本雜誌《世界》所連載的著作《沒有出口的家》註1，因為內容描寫十分詳實而備受注目。我覺得這書名取得極為貼切，但是同時也對老人家一旦入住照護設施便無法離開的現狀，感到唏噓不已。

為何「想回家」的高齡者，如此簡單又殷切的期盼無法實現呢？不管家裡再怎麼髒亂、再怎麼不方便，比起醫院或照護設施，任何人都會覺得住在自己的家裡最舒服。若需要照護，申請二十四小時的居家照護服務即可，沒必要特地請個傭人或看護緊跟在身邊。其實，多數年長者只需要白天三次、晚上一次的居家巡迴照護就行了。

那為何還是有許多年長者有家歸不得呢？答案其實很簡單。因為家裡還有其他家人，不希望年長者返家居住。當初決定送他們入住照護設施的，是家人，不希望他們返家同住的，其實也是家人。

話雖如此，也不能一味責備家人的作法，因為一旦同住就得負起照顧之責，大多數的人可能會為了自己的健康和生活品質，只好含淚做此選擇。

年長者有家歸不得

既然如此，是不是該考慮一個人生活？

如果，「想回家」的「家」是指「獨自生活的家」，也許就能解決年長者想返家居住的問題。若地區居家照護支援制度夠完善，就算是需要照護的人也能一個人生活。

年長者「想回家」的願望，應該是「想回到一處專屬自己的地方」吧？我從過去就

註1：《沒有出口的家》原書名為《出口のない家》，現代書館二〇〇六年出版。

一直在思考這個問題。

日語的「家」字，很容易被誤解，**正因為「想回家」的希望，被誤解成「想和家人同住」，所以事情才會變得複雜。**

有些獨自生活的人就算住進照護設施，也會「想回家」。這時的「家」純粹是指建築物，而不是人際關係所構築的「家」。如果家裡沒有其他家人同住，當然就能大大方方地返家居住；若是與家人同住，被迫搬離的往往是年屆高齡的長者。

面對這種情況時，不妨換個角度思考。

當年長者「想回家」的願望，和「不想和家人同住」的想法產生衝突時，與其讓年長者「有家歸不得」，還不如「其他家人搬離住家」比較好。畢竟年輕人的環境適應力較強，把老房子讓給年長者，自己則在附近租房子，偶爾回家看看。不喜歡與長輩同住的人，剛好可以藉此保持距離，不傷和氣，當個「兼職家人」或是「假日家人」也不錯。只是，若本身工作繁忙或臨時出現其他狀況時，雖不是「全職家人」，家裡有位需要照護的老人，多少仍會讓人感受到責任與壓力。

之所以做不到這一點，我想多半是由於家人的罪惡感和面子問題吧。

雖說用心便能解決問題，但這種事情處理起來真是棘手。

至於單身者就沒有這種煩惱了，自己的家完全屬於自己，無須有多餘的顧慮，只不過「單身者」與「單身家庭」是不一樣的概念。總之，至少有一個專屬的生活空間，正是「一個人的老後生活」的基本條件。

希望在家中走完最後一程

截至目前為止，我接觸過各式各樣以備有先進照護設施聞名的老人社福機構的管理者和負責人，訪談近尾聲時，照例都會問他們一個問題。

「當你自己需要照護時，希望住在哪裡？」

原以為他們會回答「希望住在自己服務的機構裡」，畢竟這些地方便是以擁有先進照護設施而聞名，但是我卻從來沒聽過這個答案。

「我想，我還是希望能自家中嚥下最後一口氣吧。」

真是坦白的回答。

無論再怎麼備受好評的設施，入住者幾乎都不是出於自願才入住的。之所以選擇提供照護服務的設施安身，是因為擔心獨自生活沒人照應，不得已之下才做出這樣的決定，配合照護人員，集體接受照護。若能選擇居家照護，卻還表示自己想入住照護機構，那些追求先進照護服務的人就太虛偽了。

在這種情形下，「自家」一詞就如字面上的涵義，是指「自己的住家」，並沒有「和家人同住」之意。

其實，銀髮族身邊尚有成年子女，卻沒有同住在一個屋簷下的例子並不少見，而且資料也顯示，選擇「和家人同住」的人，往往是「住在子女的家」。所以他們回答「想住在家裡」時，指的就是「現在住的地方」，即使身邊還有子女，也不是指「搬去孩子家」同住的意思。

唯有釐清「住在家裡」和「與家人同住」的意義，年長者選擇「住在專屬的家中」，才能更加理直氣壯。

獨居生活的房產問題茲事體大

也許有人認為「有殼一族」是指有「自己專屬的房子」，而且應該是經濟狀況有一定水準者的專利，但令人意外的是，名下有房子的女性銀髮族比例相當高。

這要歸因於日本政府和企業，當初積極推動各種獎勵購屋的辦法，在我這個世代，也就是所謂的「團塊世代」註2，名下有屋者的比例甚至超過八成。小澤雅子女士在其著作《新・消費階層時代》註3中即曾提到，日本首都圈「中產階級」的財力，依各時期地價變動時購入不動產的差別而有所不同。

當時，有許多正邁入而立之年的團塊世代，在首都圈地價開始飆漲之前，就為了成家而貸款購屋。所以，就算日後經濟泡沫化，和當初的買價相比，仍屬「資本增值」（capital gain，土地和股票等所持資產價值上升所產生的利益）。不管地價上升還是下跌，只要繼續居住，既無損失也沒獲利，雖然利息可能稍微提高，但所得也會相對提升。而且，自從日本進入不景氣時代，也長期處於零利率狀態，剩下的貸款不如再次轉貸，還比較輕鬆。

有些人名下只有一間房子，而且與家人同住，所以房屋沒有其他運用的餘地，也不可能靠轉賣或出租獲利。也許有人認為若是像企業般，抵押有增值價值的資產，來貸款投資，當資產價值暴跌時，想回本可能會比登天還難；然而，無論地價高漲還是下跌，對於大部分死守不動產的「中產階級」來說，幾乎不痛不癢。「賣掉的話，應該可以賺一筆」的想法只是夢想，並不會真的付諸實行。

註2：日本經濟評論家、作家堺屋太一所命名，主要指日本生於一九四七年到一九五一年之間，第二次大戰後嬰兒潮的人口。

註3：《新・消費階層時代》原書名為《新「階層消費」の時代》，日本經濟新聞社一九八五年出版／文庫版《新・「階層消費」の時代》附上野千鶴子女士解說，朝日新聞社一九八九年出版。

對於泡沫經濟後慘遭裁員的中高齡白領階級而言，這也許是人生計畫上的一大失策，但大多數團塊世代的上班族都是屬於最後一批鐵飯碗世代，可以安心地在工作崗位上待到退休，當年三十幾歲為了成家所借的銀行貸款多半不是早已還清，就是可以用退休金繳清剩餘的金額。

丈夫的錢和自己的錢

夫婦婚後購屋。若丈夫先走一步，妻子也不一定就能安穩過生活。對大多數日本已婚婦女而言，自己的家是丈夫名下的財產，並不屬於自己，若妻子沒有收入，房子雖以共有名義購買，但妻子卻必須支付丈夫一筆贈與稅。

因為日本法律並不認同夫妻財產共有制，丈夫賺的就是丈夫的；然而，在財產法上卻一向貫徹個人主義，讓妻子在繼承遺產方面，享有相當的優待。

直到一九八〇年為止，日本法律明定妻子可以繼承丈夫三分之一的遺產，剩下的三分之二則由子女均分。在高生育率時代，這種法規或許還算適用，但是到了現今的少子化社會，只生一、兩個孩子的情況下，反而會造成子女所享權利反而比母親來得優渥的情況。

一九八一年，日本政府將妻子法定繼承人的特留分一口氣提高至二分之一。同時期的日本法律也明定全職家庭主婦享有年金權，一般推測這是日本政府對照顧老伴晚年生活的主婦，所給予的一種獎賞。

若是屬於日本第三類被保險人（丈夫是上班族和公務員的全職家庭主婦），就算沒有支付保險費，也享有領取年金的權利。這項制度和日本八〇年代末名為「全職家庭主婦優待政策」的年金改革完全不同，可以算是一種「看護老伴的保障」。

也就是說，丈夫過世後，一直擔負照顧丈夫之責的妻子便理所當然地繼承丈夫名下一半的財產。而且以日本遺產稅的基本扣除額五千萬日圓來計算，加上法定繼承者人數，一人就可抵免一千萬日圓，若以妻子和兩名子女，共三位繼承人來看，總計八千萬日圓之內都不用扣稅（遺產稅的計算方法十分複雜，有興趣者請自己詳細查詢）。更何況，多數不動產的公告值都比市值來得低，因此屬於「中產階級」的丈夫所遺留下來的不動產等財產，幾乎沒有課稅問題。諸如因遺產稅過高，只好以土地抵稅等報章上的案例，多是因為名下的不動產位於黃金地段的緣故。

況且，此時的子女都已長大獨立，大概也不好意思開口爭父親的遺產（吧）。膽敢

※LIFE 熟齡生活指南 台灣遺產繼承法規，請參閱別冊第38頁「帶不走的雲彩——遺產與繼承」一文。

開口要求的，多半也是那種狠心將母親趕出家門，或不想盡照顧之責的不孝子女。而在現今的少子化時代，有些人也許會心想，反正靜靜等待母親往生後，所有不動產還是會落到自己手上。

以追求完善高齡化社會為目標的某婦女協會，曾於二〇〇二年針對會員進行一項問卷調查，面對「自己名下有不動產嗎？」這個問題時，約七成女性都回答「YES」。也許該協會會員的經濟能力稍高一點，但並非所有會員都是富豪。七成女性銀髮族名下都有不動產的事實，無疑替女性朋友打了一劑強心針，而且這個數字也應該會隨著大量團塊世代步入晚年而日漸攀升。

日本團塊世代女性的就業率很高。就算因為結婚、生產而暫離職場，等子女長大獨立後，高達七成以上的女性仍會重返工作崗位，從事正職或兼職。

洋子雖年過四十才進入職場，但她的原則是家中開支以丈夫的收入來分配。她認為：**「丈夫的錢是我的，我的錢還是我的。」**而有這種價值觀的婦女其實不在少數。她們將自己的收入全部存起來，等五十歲時再蓋一棟屬於自己的房子。

「這麼一來隨時都可以準備離婚。」

看來這下子要提心吊膽的人，恐怕是丈夫了。

若不婚族步入職場後便持續打拚，相信名下應該多少有點不動產才是。在日本首都圈住宅供過於求的今日，單身者也不再是人們口中無須貸款購屋、租房居住的一群。

像是沒有家庭負擔的三、四十歲有錢單身男性，多是豪宅愛好者；而且**住宅算是一種最頂級的耐久消費財，因此單身者熱衷購屋置產也不足為奇。**

近來不分男女，單身者都樂於「待在家裡」當個宅男宅女。即使年輕人約會，也多半是在週末相約採購食材，在家自己下廚，吃完飯後看電視或打電玩，享受待在家裡輕鬆自在的感覺，雖然這種關係近似老夫老妻，但時下年輕人似乎越來越傾向於這種「老夫老妻」式的親密關係。

離島上的閒適生活

雖然有些單身者是靠一己之力購得不動產，但拜少子化之賜，繼承父母遺留的不動產機率也相對提高。若有人繼承的是一筆鄉下的土地，便可以出租或轉賣。

有個年紀比我小的朋友，從事自由業的他也是不婚族，父母過世後，他將鄉下老家賣掉，用賣屋所得在石垣島買了一棟獨門獨院的房子。只要利用土地價差，就能在其他地方購得條件優渥的住所。

在四季皆夏的石垣島上，陽光普照，幾乎花不了什麼電費，而且日子雖然過得簡單，他卻也沒有捨棄享受美食的生活方式。憑著長年累積的人脈，時時都有散居日本各地的好友，為身為老饕的他送來美酒佳餚；雖然單身一人卻不覺得孤獨，就算住在離島也沒有離群索居的感覺。

此外，他還是個無可救藥的茶葉愛好者（茶葉達人），會向特定茶園進口大吉嶺茶葉，我也是他的老主顧之一，不管去英國還是其他地方，我還沒喝過比他經手的茶葉更美味的紅茶。雖然住在石垣島，飲水問題令人困擾，不過現在已有各廠牌的水在當地販售。附帶一提，不會用電腦的他，寫了一手好字、也精通篆刻，我直到現在還會收到他親筆捎來的信件。

照護住宅，各取所需

如果覺得獨自一人不安、寂寞，也可以選擇入住提供照護服務的集合住宅或銀髮族專屬社區（針對銀髮族設計的集合住宅，由希望入住的人一起買地、設計、發包工程等）。

這種住宅也針對個人財力狀況，分為最高五顆星的A級，與次級的B級、C級等。分售住宅還包括購買終身使用權或出租等方式，近來日本則有配合高齡單身者的年金所

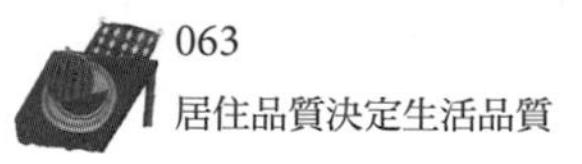

得來設定價格的建案出現，目的就是希望可以將購屋費用控制在購屋者所能負擔的範圍內。

雖然已是老調重彈，但不管多麼簡陋零亂，金窩銀窩還是比不上自己的狗窩，相信這是許多年長者的心聲。有些人就算家中垃圾堆積如山，長年沒有整理，也不願意請人打掃；還有些住慣榻榻米房間的年長者，一旦入住宛如高級飯店的養老機構，就會覺得渾身不自在。

身體會習於長年生活的環境，只要居住地沒有太大改變，無論B級還是C級，能確保有棲身之所即可。這不算是什麼奢侈要求，也不是太難達成的目標。

小窩也能帶來安心感

其實不婚族的房事問題很好解決。相信不少人都曾因為升學或就業，離家在外租屋，當時多半是棲身在房間二、三坪大的包伙宿舍，或是約六坪左右的套房。有人始終難忘那種一坐下來，伸手就能拿到東西的方便感，甚至日後終於蓋了間有書房的房子，還是會刻意隔出一間又窄又小的專屬房間，回味當年那種刻苦的感覺。

對單身者而言，就算住房是針對小家庭所設計的格局，也不會不符需求。因為大部分單身者的房子，其中一、兩個房間最後都會淪為堆積雜物的「倉庫」，變成閒置空間，和住套房沒什麼差別。

我有個單身友人，將約莫二十四坪的房子改建成一間擁有三坪大臥室的居住空間，而剩下的部分則設計成起居室，若有朋友留宿，便睡在這裡。另一位未婚友人，四十歲之後買了間適合小家庭的公寓住宅，重新裝潢成適合一個人生活的空間。不過人生的境遇難料，她後來結婚了，對象就是慶祝新居落成那天，某位朋友帶來的男性友人。

我個人也認為套房比較好，而且是那種沒有隔間，一眼看盡的寬闊套房。因為住慣國外那種天花板挑高、空間寬敞舒適的房子，我實在無法忍受日本狹窄空間裡還隔了好幾個房間的公寓樓房。

後來，我如願地在八岳南麓蓋了間工作室，是一處十八坪的套房式住宅。之所以堅持十八坪大小，是因為聽說北歐的銀髮族專屬住宅，一戶平均規模便是這個坪數。而且在這個空間裡只須擺設必要的家具，連客用沙發都沒買，如此便可避免碰撞到家具，能自在地在家中走動。我想十八坪應該是一個人居住空間的最低標準，當然也有人喜歡那種只有二、三坪大小的小窩，每個人對空間的感受不同，自己住得習慣最重要。

童年回憶的收藏品

有些單身者之所以對居住空間沒有特別堅持與要求，是因為覺得現在的住所只不過是老家自己房間的延伸，也就是所謂的「別館」、「獨房」。因此對這些人而言，與其說是「家」，不如說是「房間」還比較恰當。

有人的老家也許還留有自己的女兒節擺飾[註4]或是羅森泰（Rosenthal）茶具組，回家時家人也許會問：「要不要把女兒節擺飾帶回妳住的地方？」但是，大多數人就算想帶也心有餘而力不足，因為自己現在的住所根本沒有空間可以擺放，而且心裡總認為放在老家就行了，反正現在住的地方也只是臨時居處。

日本住宅的空間總是以家族的最大規模來設計，而不是以每個人所需空間做考量。因此當雙親過世、繼承老家時，往往得面臨要怎麼處理房子的問題。

延續方才女兒節擺飾的話題，父母只有我這一個女兒，所以家裡有座鋪著紅色毛毯的五層高女兒節擺飾，每年母親都會拿出來擺放，過完節再收起來，全部擺出來得占約三坪大的空間。當年我剛搬出家門獨立時，母親曾送我她做的木刻娃娃，算是女兒節擺飾的簡略版，所以一回家，我就會想起有那一套擺飾。

註4：日本家中有女兒的家庭會在每年的三月三日擺飾人偶娃娃，祈求神明保佑該女孩的平安幸福及健康成長。

弟弟婚後，女兒剛出生時，我第一個念頭就是：「那套女兒節擺飾，或許會送給外甥女吧。」但換個角度想，對雙方的祖父母而言，她都是家裡第一個迎接的長孫女，或許弟妹娘家也會送外甥女一套女兒節擺飾，所以便對母親說：「那套女兒節擺飾是我的，絕對不可以給別人喔！」現在想想，當時的自己還真是幼稚、自私得可笑啊。

最後這套堅持不送人的擺飾，卻隨著雙親過世、老家重建，始終被留在老家。「找個時間回來收拾一下妳放在家裡的東西吧！」大嫂雖然這麼提醒我，我卻一直沒回去拿。因為我們這幾個手足都想住在自己的住所，沒有人想繼承雙親住過的老家，最後便找來拆屋公司，清除家裡不要的舊物。那套女兒節擺飾，我連影子都沒再看過，就這樣被當作廢棄物清理掉了。

現在留在我手邊的，仍是母親親手為我做的木刻娃娃，還有朋友做給我的紙娃娃，大小適中，方便收藏。

對於那套女兒節擺飾被丟一事，我絲毫不覺得可惜，畢竟生活方式改變，三坪大的擺飾確實太占空間。我想說的是，原本只是當作臨時住所的生活方式，也很可能會就此持續下去。過去日本曾有人說，次男、三男就像老家的「房客」，我覺得挺貼切的，就是因為終究不可能成為戶主，才會出現這種說法吧。

因應家族成員改變的客房式生活

換了好幾次房子的我，從來不覺得哪一處是「最後的住所」。因為我總是抱持著「反正落腳處只是臨時住所」的想法，如果有任何變動，大不了再換個地方住就行了。

不過，**我還是覺得自己的家最舒服——也就是不管身在何處，讓自己覺得是專屬的生活空間，住得慣、使用得慣，就是最好的住所。**

不過得先聲明的是，我是那種不管搬到哪裡，只要住上三個月、半年就能逐漸適應的人；以前更年輕、更有興致時，簡直就是個有搬家癖的怪胎，一旦發現新家已經讓我在一片昏暗中也能摸到屋內的電燈開關，我就會有種「這房子已經住膩了」的感覺。

有些建築師會將單身者特有的「臨時住所」概念融入住宅設計中，山本理顯先生便是其一。位於東京都江東區東雲的社區型（配合都市再生計畫）集合住宅建案，就是他的作品，除了一房兩廳的小家庭格局外，同一棟大樓中還設計了套房式別館。等孩子長大了，需要私人空間時，只要租下隔壁的套房式別館，便能解決空間不足，必須換屋的問題。而別館不但可以作為孩子的房間，也可以當成父親的工作室，哪天不再需要時，再退租即可。甚至有些人一旦入住就不想搬離，成了**「房客式生活」的單身一族，親子**

間也能保持一種「既親密又尊重彼此隱私」的關係。

家族規模會擴大，也會縮小。然而，日本的住宅都是以家族規模會逐漸擴大的概念來設計，並未考量到家族規模也有縮小的可能性。步入超高齡化社會的今日，建築家應該有前瞻的眼光，掌握住今後家族規模會逐漸縮小的社會發展方向。

在老人公寓裡安度自在晚年

自己名下有房產雖好，但不僅得花時間和心力維護房子，還必須擔心自己老後照護的問題。至於一般養老院的單人房約三至五坪大小，空間過於狹窄，而且有些年長者其實並不需要全天照護。我建議**年長者不妨選擇專為銀髮族設計的老人公寓，而不是提供照護服務的付費養老院，除了能保有私人空間，還有餐廳等公共空間，而用餐和清掃等日常事務則與其他入住者互相配合即可。**

日本照護保險制度實施前所設立的付費養老院（提供照護服務），不管是個別出售還是購買終身使用權，入住金額都極為昂貴，月費也不便宜。動輒高達數千萬日圓的入住金，甚至都能在市中心買戶房子了，這樣的養老院也只有經濟寬裕的銀髮族才住得起。

雖然賣掉原先居住的房子也許就能負擔，但家中的孩子往往會反對，有時甚至會發生負責人捲款潛逃的慘事，使老人家落入無家可歸的窘境。畢竟養老院一旦入住便無法輕易變更，所以也算是一項高風險性的選擇。

此外，就算有照護服務，也無法保證品質。現在有些養老院不但沒有專業看護人員，甚至拒絕外部督導，即使外觀再怎麼氣派美觀，內部其實潛藏許多家屬看不見的隱憂。諸如「禁閉式照護」及限制替換尿片的數量等不合理制度，從親身潛入照護機構採訪而聲名大噪的大熊一夫先生著作《深入報導老人養護中心》註5，便能一窺究竟。

遺憾的是，就算照護品質和費用再怎麼備受爭議，照護服務的行業仍然永遠不會被市場淘汰，這就是社會發展始終不變的事實。而提供照護服務的付費養老院，往往也成為中上階層人們「棄養長輩」的幫兇。

那麼，如何才能確保獨居生活過得安心舒適？

我覺得專為銀髮族設計的老人公寓是項不錯的選擇。因為我自己聽過不少親身經驗的成功案例，所以才放心推薦。身為記者的寺田和代小姐和島村八重子小姐合著的《不

註5：《深入報導老人養護中心》原書名為《ルポ老人病棟》，朝日新聞社一九八八年出版／同朝日文庫一九九二年出版。

和家人同住的家》註6一書中，便有關於這些案例的報導，其中也有幾個是我想採訪的對象。

單身女性都會型公寓

日本神奈川縣的「COCO湘南台」便是一例。位於離車站步行約十五分鐘的住宅區，將近二百八十坪的租地上，蓋了一幢總面積約一百五十坪的雅緻集合住宅。每個房間平均七・五坪，並建有餐廳和交誼廳等公共設施。

一手打造這棟公寓的西條節子女士（高齡七十歲以上）本身也是未婚族，長久以來都過著獨立自主的生活。但她那個世代的多數單身女性，經濟能力有限，因此她構想了一處企圖讓和自己一樣的未婚女性，能毫無負擔地依靠一己之力入住的地方，僅用年金便能維持一定品質的晚年生活。此處每個房間（七・五坪）的入住金是三百七十萬日圓，每月包伙需支付十三萬六千日圓，應該算是一般日本單身女性能夠負擔的價格。

四十歲開始便擔任地方議員的西條女士，最大的優勢就是集結眾人力量的組織能力。她充分利用網路，一切從零開始，整合各領域專門人士，與有意願入住的伙伴深入交流，盡可能壓低成本，逐步實現理想。

位於郊區的住宅不但地價便宜，還能降低成本。西條女士與一群女性伙伴的目標，便是開發一塊適合銀髮族過都會生活的住所。

最後，在西條女士動用人脈與熱忱支持下，終於找到現在這塊離車站、商店街只有十五分鐘路程的土地，也獲得地主的瞭解與支持，簽下為期二十年的租賃契約（並且無須額外支付續約金）。

獨居也能有滿足感與安心感

「COCO湘南台」建物面積占百分之六十的土地上，有廣闊的家庭菜園，可以讓入住者享受田園之樂。面向庭院的陽台擺上一張大桌子，便能過著享受戶外新鮮空氣的愜意生活。而且只要用一般民眾都能負擔的價格，就可獲得其他獨居生活所沒有的滿足感與安心感。

早餐自行料理，午餐視個人意願決定，晚餐則與其他入住者同聚餐廳享用，當然也可以選擇在房內用餐。如果身體狀況欠佳，也有將餐點直接送到房裡的服務。近年來興

註6：《不和家人同住的家》原書名為《家族と住まない家》，春秋社二〇〇四年出版。

起所謂的「生活互助組織」[註7]，同樣身為家庭主婦的居民們統籌一切食材與價格，烹調出有「媽媽味道」的料理，我曾有幸受邀用餐，果然是樸實無比的家常美味。

在這裡不但能保有個人隱私，也能隨時利用公共空間。

雖然位於二樓的餐廳只限居住者和他們的介紹人進出，但一樓的交誼廳則總是有絡繹不絕的訪客，十分熱鬧。交誼廳是由建設COCO湘南台的NPO法人「COCO湘南事務所」管理，因此相關工作人員和義工可以自由出入。餐廳每年也會對外開放幾次，舉辦各種活動。

這棟一開始只是專為未婚女性打造的公寓，目前也已有男性入住，還有視障人士、以及希望在這裡走完人生最後一程的人。事實上，和各式各樣的人一起生活後，才能瞭解身障者或接受安寧療護者的生活情形，並藉由這種經驗的累積，更加深自己能在這裡安享晚年的自信。

有錢也享受不到五星級服務

要是患了失智症或長期臥病在床，還能繼續住下去嗎？這是我最在意的問題。

「我們當然也有考慮到這方面的問題。」

西條女士如此回應道。「COCO湘南台」提供醫師到房看診服務、設立護理站及醫療機構的連結網絡，入住者可選擇留在居所度過臨終生活或住院治療。

大部分付費養老院的入住條件都是「生活能自理」，這點與高級銀髮族住宅並無差異。雖然標榜對需要重度照護的銀髮族，另設有「照護室」，但即使是韓國豪華養老村或美國西海岸的長青社區等，所謂的「照護室」也不過是擺放幾張床，用簾子稍做區隔而已。特地選了一處走完人生最後旅程的住所，卻得因為需要照護而被迫搬離單人房，配合看護人員集中於一處；若不喜歡這種方式，就只能花錢雇專業看護到房服務。

詢問這類付費養老院是否提供照護服務時，總是會得到「放心，我們有簽約合作醫院」的答案。換句話說，院方一開始便預期入住的年長者，會在醫院度過臨終生活，這樣與行動不便的高齡者從便宜養老院轉至老人安養機構或老人照護中心，然後再到老人特別照護中心，最後進了醫院的命運又有何差別呢？**也許花錢能買到五星級的住所，卻無法保證絕對能享受五星級的服務。**

專業照護委外服務

集合住宅的單人房有日本照護保險中的居家照護支援，也提供多項照護服務，即使

註7：原文為「worker's collective」，協會成員既是出資者，也是經營者，並且共同分擔勞務的非營利組織。

設施中的服務不符所需，也可以委外管理。由於照護資源豐富，而且選擇性十分多樣化，所以這些高齡者才會選擇繼續住在都市養老。

NPO法人「MOMO」的代表又木京子女士，大膽地將這樣的構想引進「群體生活」（group living）之中。原本在神奈川生活俱樂部福利互助協會工作的她，離開協會後創設了獨立的非營利福利機構。所謂的「群體生活」，就是銀髮族互助合作、共同生活之意；依照營運單位的不同，從出租公寓的形式到提供伙食的住宿方式都有。

由MOMO經營的相關設施共有五處，最早推出的是「服務之家POPORO」，主要是針對需要照護的高齡者和身心障礙者，提供專屬單人房的集合住宅，說得誇張點，其實就是房屋仲介業者。每位入住者都享有專業照護服務，並且配有專屬看護人員，並有數家照護機構可供選擇。

當然「POPORO」也有其他服務，包括提供伙食、日間照護等照護保險，以及非照護保險對象的短期住宿與生活支援服務等，入住者也可以比較其他機構的服務內容，互相搭配利用。換句話說，該組織不限制居住者的權利，又木女士期待自己與其他業者能在健全的市場機制下進行良性競爭。只要對自己提供的服務有自信，就沒有辦不到的事。唯有這種正面積極的想法才能讓照護服務透明化，維持一定的品質。

若這個想法可行，也就不難理解日本厚生勞動省所提出的「住宿成本」概念。入住者必定得支付一筆住房費用，還可另外從多項選擇中挑選自己需要的服務，需要的服務越多，費用負擔也越多……既然是合理觀念，那麼施行照護保險就能改善獨居高齡者的居家生活品質，不是嗎？

然而，事實卻有所落差。現行的照護保險制度並不是以獨居高齡者的狀況來考量，而是以接受照護服務者的家人為對象，設計目的是為了減輕這些家庭的生活負擔。**今後獨居的人口將會日漸增加，毫無疑問地，制度設計上應該以獨居高齡者的需求為基準，以尋求更符合實際現狀的照護制度。**

回歸大自然的最後住所

日本還有很多專為銀髮族設計的老人公寓實驗案例，其中頗具盛名的是駒澤喜美女士等人在伊豆創設的「生活之家朋友村」。身為知名日本文學家的駒澤女士也是不婚族，她的著作《魔女的理論》註8是女權主義文學批評的先驅，《紫式部的訊息》註9則讓許多讀者心有戚戚焉，讀來大快人心。

註8：《魔女的理論》原書名為《魔女の論理》，エポナ一九七八年出版。

註9：《紫式部的訊息》原書名為《紫式部のメッセージ》，朝日新聞社一九九一年出版／新版則於二〇〇五年出版。

她和比自己年長三十歲的小西綾女士同住，為了小西女士的照護問題，也為了自己的晚年生活，駒澤女士很早開始便一直在尋求最理想的獨居生活方式。經過長年的籌備，她終於創立了「朋友村」，也送高齡九十的好友小西女士最後一程。

二〇〇七年五月，駒澤女士以八十二歲高齡辭世，她以與生俱來的活力與樂觀個性挑戰人生，對於同為單身一族的我們來說，是留下許多智慧與經驗的前輩。

從伊豆箱根鐵路修善寺車站出發，行經約十五分鐘的計程車程，就來到位於河岸旁的「朋友村」。這裡擁有風光明媚的田園景致，附近還有名為「姬之湯」的溫泉。委託女建築師設計的六層樓、約一千多坪半圓形建築物，有一座中庭，除了餐廳、交誼廳、公共浴室、簡易照護室等公共空間外，共有四十二間大小不等的單人房，還有訪客專用的住宿設施等。

入住費用依照單人房面積十二坪到三十坪不等而定，若是十二坪左右的單人房，費用約一千萬日圓，每月管理費五萬日圓，三餐可依個人需求供應（費用另計）。

只是，與「COCO湘南台」相比，「朋友村」的費用或許偏高。但想想這裡擁有可以享受溫泉的廣闊土地、極為寬敞的空間，還有各種完善的公共設施，收費也算是合理。

擁有完善安養設施的豪華建築、優美的自然環境，還可享受泡湯樂趣，品嚐當地新鮮食材……也許很多人聽到這樣的條件，都會覺得這是人生夢想中的最終住所。事實上，住在「朋友村」的年長者也十分滿意。只是，不管住在都會區或郊區，都只是個人的喜好問題。

選擇適合自己的居住環境

從上述資料看來，銀髮族專屬的老人公寓大致分為「都會型」與「郊區型」，哪一種是最適當的選擇，因人而異，最好能事先進行各種評估。

遠離都會卻保留都會風格

田園生活之美在於新鮮的空氣和水，紓緩身心的自然環境是無可替代的享受。那麼，接下來的判斷基準便是人際關係和照護資源。

在人際關係上，如「朋友村」所處的地點，入住者之間的人際關係偏向閉鎖式，因為離都會區較遠、也少有訪客，所以住在這裡的人必須向外擴展人際關係。

由於所有入住者對當地居民而言，都屬於「新鄰居」，與地方的交流自然顯得較為生疏。也許是意識到這一點，「朋友村」的入住者會藉著在河邊散步的機會，試著與當地居民打成一片。

此外，始終過著農村生活的當地居民，和一直在都會工作的單身女性，不論是生活方式或價值觀，自然都會有所差異。但只要試著拋棄地域意識，便能讓彼此之間的關係與互動更趨和諧。

像「朋友村」這種有四十二戶集合住宅的居住空間，多半有充分的人際交流機會，因此「朋友村」設有對外聯繫委員會、活動委員會等組織，以促進入住者的交流與活動。

此外，因為小西綾女士的口頭禪是「了解」，交誼廳便命名為「了解會館」，不定期邀請來賓、舉辦各種活動，還設有訪客專用客房，以便和來自都會的朋友們進行更良好的互動。

當然，想來參觀、考察「朋友村」的人亦是絡繹不絕。也有不少年輕人十分羨慕駒澤女士和居住在這裡的銀髮族，能安住在遠離都會的環境，卻還保有部分都會風格的生活方式。

這種生活方式和純粹過著田野生活的情況並不相同，不但可以享受大自然的洗禮，還能維持都會生活風格，且無須刻意融入當地的生活方式，對於單身者也是一項不錯的選擇。

無須勉強的人際關係

另一方面，都會型集合住宅的好處就是外出方便，訪客也能輕鬆造訪，人際關係不受侷限，就算社區不辦促進入住者情感交流的團體活動，只要多利用當地的各種文化設施和市民活動即可；而且還能隨時輕鬆地看場表演或電影，充分享受都會區的各種文化資源，無須勉強自己和不喜歡的人來往，也不必非得勉強邀約志趣不合的人參加聚會。

針對九州某都會型老人公寓（有中庭和氣派交誼廳等公共空間）的生活，曾進行過一項調查。這座老人公寓的入住者幾乎不使用交誼廳，反而常出借給附近居民舉辦各種活動，而且通常只有一、兩位入住者參加。反正都已經住在這裡了，也不必非得參與這裡舉辦的活動，也許這裡的入住者認為一起住的人，和一起玩、一起工作的人，還是不同的一群人會比較好吧。

其實，許多都會區居民早已默默落實這個觀念。一起在公司工作的同事，下班後就不

※**LIFE 熟齡生活指南**　銀髮族居所問題，請參閱別冊第10頁「住得舒也要住得安心」一文。

再接觸，私下的休閒活動也只找公司以外的人一起參與。因為越來越多人有這個觀念，所以公司內部舉辦的活動、員工旅行等，才會越來越乏人問津。正因為少有員工主動參與這類活動，公司才得用半強迫的方式「規定」員工參與。

雖然建築師認為公共空間是促進溝通的要素，但事實上都會生活的溝通方式有著更複雜的要因。也許有些人認為，不管工作、生活、玩樂還是例行活動，若都是和固定一群人共同參與，能喚回過去農村時代人與人之間緊密的關係和情感，但這樣的想法卻得不到大多數都會居民的共鳴。因此，興建集合住宅不只是考量建築物本身，地點也是一項必須慎重思考的要素。

郊區的照護難題

照護資源是另一項判斷基準。人口越集中的都會區，來自政府、民間企業、NPO或非營利市民組織的照護資源選擇就越多，這也是不爭的事實。如果照護品質有賴健全的市場競爭來維持，那麼照護資源的選擇性多寡，便攸關照護業者的生存問題。

日本照護保險開辦初期，還是所謂的「有保險無服務」階段。時至今日，日本許多偏遠地區仍普遍存在著缺乏看護人員、照護資源不足等問題。有些人原本為了享受自然環境而選擇定居郊區，卻在日後為了照護問題再度搬回都會區，便是由於偏遠地區極度缺乏照護資源。

諸如「朋友村」這類設施，入住者可選擇利用內部的照護資源，也可以指定委外的照護服務。此外，設施內部也有簡易照護室，並與地區醫院連線合作。只是，業者若想獨攬照護事業，入住者便會擔心業者是否會為了節省成本，只提供少數必要的照護服務。但相對地，若選擇外部資源，便只能信賴當地照護資源的質與量，無法如位於都會區的「POPORO」，有多項照護資源可自行搭配、組合，以促進業者的良性競爭。

地方也有所謂的「社會福利協議會」（以下簡稱社協），提供居家照護支援與日間照護等服務。只是，由於負責探訪服務者為當地居民，為人詬病的不只包括無法自由選擇照護人員，還有洩漏受照護者個人隱私等情況。畢竟照護工作不僅要關懷受照護者的身心，就連人際關係也多少會接觸到最私密之處，因此不少人寧可捨近求遠，選擇離自家遠一點的服務機構申請照護服務。

年紀一把，生活習慣難改

日間照護也有所謂生活背景差異的問題。像是退休上班族、商店老闆和專業師傅等，這些年長者的學歷、職業、婚姻觀及價值觀等，數十年來的生活經歷都不盡相同，往往很難融入地方上以自營業者居民為主要成員的老人會等組織。

我的其中一處工作室位於八之岳山麓，當地有一間由地方社協經營、附設溫泉的日間照護中心，使用者大多是來自農家的銀髮族，而近期來自都會區的高齡新住民也急速增加，因為當地只有這間設施，沒有別的選擇。

生活背景互異的人們，因為有照護需求而產生交集，到底是好是壞？因為**生活方式不同，文化背景也有所差異；有人樂於與人交流，有人則很排斥。年紀大了也很難改變長年來的生活習慣，所以與不同生活背景的人接觸、交流，應該不是可以輕易接受的經驗。**

仔細想想，也許我們從小學開始，就有這樣的交流模式。來自各種家庭的孩子們聚在一起接受教育，再依每個孩子的表現優劣，切割成一個個小團體，接著在團體中成長、學習，長大後踏入社會，在職場團體裡度過人生。

像這種相異文化背景之間的交流，往往也不是出於自願，而是被迫接受。當然沒有其他選擇餘地也是無法拒絕的原因之一，另一個原因則是周遭人們太低估年長者的自我判斷能力，認為人一旦步入老年就只能聽從後輩安排，被迫改變原本的生活模式，接受如小學生般的團體生活。

不想再看男人的臉色

其實，早就有人注意到退休上班族和地方老人會成員，猶如水與油般完全無法相容，沒有任何共通點。因此各地方政府才會陸續成立諸如「高砂大學」、「長青研討會」等組織。

原是上班族的退休人士，樂於學習也樂於與人分享，更何況高學歷者「喜歡學習」的既定形象早已深植人心。之所以成立銀髮族學習機構，並非抱著揶揄心態，而是面對事實現況，配合這類年長者的生活背景，設立適合他們的老人社福機構。

就性別觀點來看，無論老人會還是高砂大學，都是以男人為主的團體，然而大多數女性都不想年紀一大把了，還得看男人臉色過活，單身女性尤為厭煩。

最好的狀況是，一個地區能有數家小規模的機能型日間照護中心可供選擇。喜歡熱鬧的人會選擇活動較多的日間照護中心；想過安靜生活的人則會選擇自主性高、不會老是強制住民參加活動的日間照護中心。而選擇性較多也是住在都會區的一大優點。

究竟要住在都會區還是郊區，優劣各異，很難選擇。

其實，最理想的狀況是，住在既能享受自然的豐饒，又能保有都會便利生活的環境。我個人就有小小的願望，希望能在八之岳山麓開設一間「新住民」專屬的迷你日間照護中心。如此一來，新住民若需要照護時，無須搬回都會區也能享有完善的照護資源。

專屬房間保有獨立性與隱私權

維吉尼亞・吳爾芙（Virginia Woolf）在其著作《自己的房間》註10裡提到，年收入五百英磅和一個「自己的房間」，是女性自立的必要條件。雖然這已是一九二九年提出的觀念，但直到現在還是不變的真理。

第一次擁有自己專屬的房間；夫婦各自窩在自己的房間，讀著自己喜歡的書直到天明，是多麼令人放鬆。還記得小時候初次擁有自己的房間時那種興奮的感受嗎？更何況時下的情侶、夫妻，應該大都是從小開始，就擁有自己的專屬房間，想必對擁有專屬小窩的自在感特別懷念。

我想，一旦習慣有自己的房間，便很難適應和別人一起打通鋪的生活方式。雖說過去的日本社會都習於一家老小共處一室的生活模式，但近年來風氣一變，大多數人從小

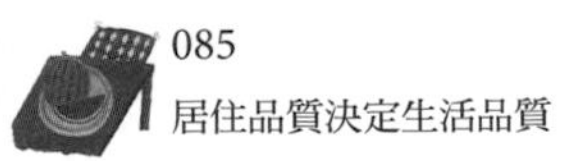

就擁有自己的房間，很少有大家擠在一起打通鋪睡覺的經驗。

這些從小就有專屬房間的年輕情侶，不少人在婚後還是分房睡；有些人不管關係再怎麼親密，還是不習慣和別人同床共枕。而結婚多年的夫婦分房睡，感情也不見得會受影響。

一旦習慣某個生活空間後，只要些許變化，身體都能敏銳地察覺到。幾房幾廳的房屋格局是日本戰後住宅的基本架構，有些建築師認為這是表現家庭關係的一種概念，同樣地，習慣擁有自己房間的孩子，自然很難接受過去的通鋪文化。

共處一室才是幸福生活嗎？

三好春樹先生是知名物理治療師，對於新型態的特別照護方式多所批評。他反對特別照護老人之家以單人房為原則，施行小單元照護方式（unit care），認為日本銀髮族不需要住單人房，對他們而言，和大家共處一室的感覺才是真正的幸福。

仔細閱讀三好先生的著作，才瞭解十分反對厚生勞動省強制推動「單元照護」制度的他，認為老人家有權利選擇住單人房或多人同住的多人房。但既然如此，就不該一味

註10：《自己的房間》日文書名為《私ひとりの部屋》，村松加代子譯，松香堂書店一九八四年出版。

批評「單元照護」制度的缺失，而要清楚說明自己反對的是「不該強制推行單元照護」的作法，才不致讓人有所誤會。

「單元照護」制度的出發點，是將老人照護中心視為「生活場所」，而非「療養中心」，既然是生活場所，就應以單人房為原則。而將這種約莫以十間單人房為單位，共享客廳等公共空間的生活方式，由福利先進國家引進日本的人，就是已故建築師外山義先生。

三好先生感嘆：「所以我說現代人真是缺乏主見，」「只會一味仿效歐美。」並且對此制度甚為不滿。

雖說如此，但畢竟時勢所趨，這已是無可避免的發展。日本社會西化已超過百年，使用西式桌椅生活也達半世紀之久，絕大部分的人都很難再回到房間鋪著榻榻米，一家老小圍坐在矮飯桌前用餐的生活方式。矮飯桌的歷史，可說是大正時期都市居家文化特色之一。大正之前的日本人都是圍著地爐用餐，都市商家則是各自正坐於自己的餐點前用餐，所以那時代的孩子都很謹守用餐禮儀。正座也許是日本人特殊的身體技法，也是一種自虐式趣味。無論是生活習慣還是身體感覺，我們都必須清楚認知，一個人的習慣是很難在短時間內改變的。

銀髮族的隱私權

若能夠選擇（這就是問題所在！），我當然會選擇住單人房。

雖然三好先生對單人房多所批評，但調查顯示，同時有過多人同住一房和住單人房經驗的年長者，毫無例外地都會回答：「還是比較喜歡住單人房。」雖然也有人一開始不太習慣，但仍表示住久了還是覺得單人房比較好。

問題是，我重看了一遍二〇〇六年日本照護保險內容，單人房的房費確實比多人同住一房的住房費用來得昂貴。有些從多人房轉住單人房的案例，原本每月只需支付二、三萬日圓的房費，換房後一下子便調高至七、八萬日圓，甚至十四萬日圓不等，負擔不起的年長者只好再度搬回多人房。

因為必須有足夠經濟能力才能「自由選擇」，有些年長者很可能顧慮家人的態度，而被迫選擇多人房，由家人代替他們做決定的例子也不少。

「自由選擇」的前提是(1)要有選項；(2)兩種方式都經驗過，可供比較；(3)有足夠的經濟能力；(4)可以自己作主。以上條件缺一不可。

三好先生便是抓住這些條件，在著作《照護面面觀》[註11]中提出高齡長者若罹患老年

註11：《照護面面觀》原書名為《ブリコラージュとしての介護》，雲母書房二〇〇一年出版。

癡呆症（他認為「失智症」是刻意美化的說法，所以他都稱「老年癡呆症」，這裡就依照他慣用的說法），出現記憶力減退、心智功能障礙等症狀，便會逐漸失去「近代的自我」註12，因此症狀較為嚴重的高齡長者，其實比較適合多人同住的大房間。只不過在這種情況下，就不知道是否也能讓年長者自己作主了。

不會吧？罹患失智症的老人有能力自己作主嗎？

其實只要讓年長者分別體驗過兩種生活方式，再請看護專家判斷其反應即可。如果沒有給他們任何選擇機會，這樣做出的決定也只算是家人一廂情願的選擇。

小單元照護最大的問題，在於無法時時給予關注。雖然根據現行日本厚生勞動省所訂的標準，是「一位看護人員負責三位受照護者」，但畢竟照護人員不可能不眠不休地全天候工作，結果以八至十個房間為單位的照護負擔來看，絕大部分都是照護人員「孤身奮戰」的窘況。如果我是照護人員，光是想到一個人要從早到晚照顧那麼多位年長者，可能會就此打退堂鼓。

因此，**為了改善看護人員和受照護者的權益，除了提供舒適的空間，增加人手也是當務之急。這個問題和單人房、硬體設施好壞無關，而是在於政府的社福行政單位是否有足夠的資金和人力進行改善。**若無法有效改善，小單元照護制度帶來的恐怕就不是美意，而是不幸了。

選擇單人房划算嗎？

假設單元照護每月須支付的費用為十四萬日圓，這筆金額划算嗎？若以一個單位有十間單人房，附有二十四小時照護服務，協助入廁、沐浴，還附三餐來計算，每個月十四萬日圓其實並不算貴。

若將其想成是附三餐、浴室，有專人管理的學生宿舍，相信父母應該會安心讓小孩入住才是。但為什麼再貴的花費都捨得花在孩子身上，面對年長者時又顯得一毛不拔呢？

若是供餐的租房服務，理所當然該付租金；而且既然住家裡都要負擔家用和水電瓦斯費，入住特別照護中心卻不付房費的觀念，怎麼想都不合邏輯、沒道理，不是嗎？

既然如此，那就乾脆住在家裡。若是沒家人同住，就真的成為「專屬小窩」。

如果居住地區有居家照護支援服務，有照護需求的人便能在家享用，像是北歐各國便有十分完善的居家照護體制。然而，在沒有其他選擇的情況下，業者片面抬高單人房

註12：所謂「近代的自我」一詞源自西方近代哲學思想，也是明治時期西方思想傳入日本之濫觴。相較於以往喪失自我，一味迎合眾人的傳統日本人生存之道，「近代的自我」所強調的是更忠於自我的生存方式。

房費，總會予人「欺負年長者」的負面觀感。而且日本新型特別照護中心的單元照護，是在厚生勞動省推動「先進照護措施」口號下所產生的制度，我認為這項政策改革根本就是「扯人後腿」的惡法。而事實上，日本的社福機構的確總是被這些公務人員搞得暈頭轉向。

其實，**根本不必強迫當事人選擇居家照護或入住照護設施，因為近年來有越來越多折衷型設施，使用者想待在家裡就待在家裡，想找人聊天便前往照護設施，重要的是取得兩者間的平衡即可。**

專門收容須特別照護的高齡者照護中心裡，有六成以上入住者都患有失智症。針對這類高齡者，日本許多相關機構開始嘗試所謂的反向操作。事實上，的確有不少年長者從醫院型照護機構轉住由民間住宅改造的小型托老所之後，顯得生氣勃勃、精神飽滿，甚至能站在廚房料理餐點，身心都獲得顯著改善。

就算不是自己家，但生活在如同自宅般舒適的環境中，對患有失智症的高齡者應該有很大的助益。

我採訪過一位女性銀髮族，她每週會去一家頗受好評的日間照護中心兩次。

「我很期待來這裡！」她說。

「不會想每天都來嗎？」對於我這個問題，她答道：

「一週來兩次左右剛剛好吧。」

的確，如果每週多來幾天，那就太累了。待在家裡自然最舒服，不過有時還是想找人聊聊天、互相交流。雖然跟其他人碰面很快樂，但難免會覺得緊張、疲累，所以一週兩次剛好。而家人雖然希望她每天都去，但還是尊重她的「選擇」。

安全是獨居必要條件

有安定的住所之後，接下來便得確保生活上的「安全」問題。雖然人終究難逃一死，但至少希望活著時能免於恐懼，避免成為犯罪受害者。

隨機犯罪日趨嚴重

婦孺與高齡者總讓人有種「無力抵抗，輕易被制服」的印象，所以最容易成為罪犯覬覦的目標。而年長女性若過著獨居生活，安全與安心絕對是必要條件。

就算在一向標榜「水質與治安是最基本生活條件」的日本，近年來治安也有惡化的趨勢。幾年前，鄉村地區的人們還會有出門不上鎖，或是停車後車鑰匙還插著就下車辦事的情況。這些人難道不知道，如果車子因此遭竊而發生事故，車主也會被追究責任嗎？

事實上，日本重大犯罪或殺人事件的增加比例，並不如新聞媒體渲染般誇張。但翻開報紙，卻滿是令人匪夷所思的事件，就算沒有親身經歷，也令人恐懼不已。根據調查，有閱報習慣的人對於社會的不安感也越強。

後近代犯罪模式中的一項新興現象，就是加害者與受害者之間多半沒有特別的「動機」關係，與過去幾乎都是挾怨報復、熟人所為的犯罪行為截然不同。

而熟人所為的案件中，以遭家人殺害的比例最高，在美國甚至有「被配偶殺死的機率高於其他人」的說法。日本近年來發生的殺人分屍案件，幾乎都是夫婦或親子間的犯罪，因此不與家人同住，應該就能遠離這些可能危害自己生命安全的高危險人物吧。

日本的一些街頭隨機殺人狂和強盜殺人犯，在被捕之後居然多半都表示「自己只是隨手亂砍」。日本愛知縣豐川高中的學生擅闖民宅，殺害一名六十多歲老婦人便是一例——只因為犯人覺得「老人比較好制服」，就下手犯罪。此外，震驚日本社會的酒鬼薔薇聖斗事件，十四歲的少年A將被害兒童的頭顱砍下後棄置校門口，更早之前甚至擄走多名女童，將她們痛毆至頭骨凹陷，也是因為女童比較容易制服。根據統計，遭搶的受害者也以女性居多，尤其是年長女性。

年長女性較易處於危險中

帕特．摩爾（Pat Moore）是專門研究老人學的研究人員，在其著作《喬裝》（Disguised）一書中曾有以下描述：芳齡二十多歲的摩爾小姐刻意畫上老妝，喬裝成年過八十的老婦人，並以年長者的言行舉止在街上四處閒逛，結果不是被年輕人撞得暈頭轉向就是被搶走皮包，吃足了苦頭。

最後她只好將皮包緊抱在胸前，步履狼狽地走著，內心卻始終忘不了在街頭遇劫的恐怖經驗。就算回復正常打扮，換上高跟鞋走在路上，還是會不自覺地想起那種恐怖感。

她的實驗報告指出：「生活在都會的女性年長者總是處於危險當中。」雖然這指的是一九七〇年代末期的紐約，但日本不也逐漸朝此狀態演進嗎？

罪犯專挑弱者下手，不可能找上身強體壯的男性，所以我每次前往治安不佳的國家旅行時，總是有種似乎找個男伴同行比較安全的感觸。

自身安全操之在己

事實上，幾位過著獨居生活的前輩們，一直擔心著自身安全。

第一章曾介紹，年過七十的君江住在海拔一千六百公尺的山上，是一位自詡為「山姥」的堅強女性，這樣的她同樣也會「怕闖空門的小偷」。約莫一百棟別墅座落其中的廣闊土地上，長年居住於當地的人家連同她在內只有三戶，而且只有她是單身女性，就算是鄰居，相隔的距離即使拉開嗓門大聲呼喊都聽不到。

而君江最在乎的就是開關燈問題。

在入夜後伸手不見五指的別墅區內，只要有一戶人家燈火通明，肯定特別引人注目。位於八之岳登山口附近的這片別墅區，有時會有迷途的登山客誤闖，自從好幾年前的某天夜半，屋外傳來男子敲門的呼喊聲後，君江只要一入夜，便將家中窗簾全拉上，避免屋內燈光外洩。

「我歷經戰時那種烽火年代，早就習慣燈火管制的生活囉！」君江笑著說。

一入夜，就不隨便開門。

這是她給自己訂的規定。

一個人住在山中豪宅，年過六十的佐代子則執行得更徹底。她的原則是，天色一暗就不出門。

所以傷腦筋的是，雖然平時大家常會相約共進午餐，但她卻對晚餐邀約一律婉拒，因為對她來說，獨自走進不曉得是否有陌生人闖入、一片昏暗的家中，總讓她覺不安。周遭朋友雖然提議「我會開車送妳回去」「陪妳一起進屋裡」，她還是不肯點頭。

她不但睡覺時會反鎖房門，還加裝保全設備，這樣要是感覺有什麼不對勁時，至少能爭取一點自保的時間。個性剛毅的她早有離群索居、歸隱山林的心理準備，所以不會輕易破壞自己訂的規矩，絕對會徹底執行。

人類比狐狸更可怕

鄉村獨居生活最令人恐懼的不是大自然，而是人類。例如，有人聽到窸窣聲響或感覺有某種生物靠近，就會嚇得在半夜裡驚醒過來，最後卻發現穿過感應式電燈的原來是隻小狐狸，才鬆了口氣。比起小狐狸，人類更讓人害怕。

獨居赤城的山區，身兼評論家與陶藝家的俵萌子女士曾表示，白天她待在建於此處的美術館，因為有工作人員和陶藝教室的學生們進出，顯得十分熱鬧。但到了傍晚，大家陸續返家，最後只剩下俵女士和愛犬，三千坪大的廣闊土地上，鄰居之間相距甚遠，沒有月亮的夜晚可說是漆黑一片。

有位男性友人對十分擔心自身安全的俵女士說道：

「妳害怕，其實對方也很害怕，要是覺得暗，開燈就好了。而且除非是開車上山，否則一般人很難到達如此偏遠的地方，既然開車就不可能不開車燈，所以一旦有車燈接近，想必也能馬上察覺，到時再設法應付也還來得及。」

聽到友人這麼說，俵女士才稍微安心。

雖然新聞時常報導，別墅地區在非渡假時期常遭小偷闖空門、吃光冰箱裡的食物等竊盜案，但其實別墅區的犯罪事件並不多，因為小偷大概也很清楚，屋主不會把值錢的東西放在家裡。只是，若小偷真的把家具、電器全都偷光，還是挺令人困擾的。

一般而言，都會區的犯罪率較高；對於有組織的犯罪集團來說，人口越稠密的地區，越容易下手。因此，在都市過著獨門獨戶的生活，也許更令人不安。

俵女士在其著作《無須子女照顧的死亡方式》[註13]中有段令人毛骨悚然的描述：有位獨居女性回到家，家中突然竄出一名闖空門的男子。後來這位女性被嚇壞了，決定搬到有照護服務的集合住宅，在感覺得到身邊還有其他人的環境下，才能安心入睡。

只是，與鄰居僅有一牆之隔的集合住宅，也無法保證絕對安全。畢竟鄰居總有不在家的時候，而且自己也不見得會和附近住戶來往。

話說回來，每個人對於安全與安心的感受標準不同，雖然要做好萬全準備，但也沒必要太過神經質。

用錢買的安心感

就算不搬到提供照護服務的住宅，選擇一間保全設施完善的房子也不錯。在標榜「安全必須花錢買」的美國，警衛人數的多寡便決定了住宅的價值。這些住宅進行二十四小時的嚴格控管，遇有陌生訪客，除非先向住戶確認，否則不能進入。當然，這種方式也等於失去了個人隱私權，甚至有人擔心如此一來便無法偷腥。

遷居紐約時，友人叮嚀我要記得給住處的每位警衛小費，或許帶婚外情對象出入時，也可以比照辦理吧。

光是在紐約，就有多少人從事警衛工作呢？美國因為重視個人安全問題，這方面的需求量自然較大。紐約中城的高級大廈，警衛大多是白人帥哥；上城和下東城的一般大樓，則以黑人和西班牙籍男性居多。不可思議的是，這個行業卻不曾出現將

註13：《無須子女照顧的死亡方式》原書名為《子どもの世話にならずに死ぬ方法》，中央公論新社二〇〇五年出版。

「doorman」改成「doorperson」的要求，以提倡「男女都能從事這份工作」的主張。

治安比美國更差的墨西哥，則有二十四小時武裝警衛看守的要塞型住宅區。這種四方築起高牆，車輛出入都須經過警衛確認的中產階級住宅區，和牆外的喧囂有著天壤之別。內部並排著井然有序的庭院和建築物，剛開始入住時，會有種像座乾淨監獄的錯覺，令人喘不過氣來。請教住戶到某地要搭幾號公車時，則總是得到「我沒坐過公車，不清楚耶」的答案。

在墨西哥，成為中產階級的條件就是以車代步。平常總是利用地鐵、公車等交通工具移動的人，就算遇劫遭搶也是無可奈何之事。更有錢的人甚至會雇用武裝保鑣來保護自身安全。

比起這種連安全都得花錢買的社會，自稱「水質與治安是最基本生活條件」的日本無疑是天堂。我有時候在日本搭電車會忘記扣緊皮包，除了懊惱自己的粗心大意，也會稍微安慰自己「這就是日本的優點吧」。附帶一提，我在國外可絕對不會如此粗心大意。

只要活著，就有風險

安全與監視、安心與約束（包含自我約束）是完全相反的要素。有風險的社會是迫

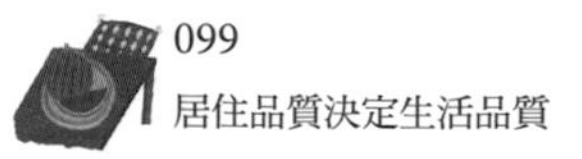

使人民出賣自己的隱私，自己勒死自己的社會。一旦老了，成了弱勢族群也是無可奈何的事。

而「安全」在今日已成了經過包裝的商品，用錢就能買到。只要向保全公司詢問，馬上就能收到報價單；只要警報器一響，十分鐘內就有保全人員趕到，然而，這十分鐘，究竟是短是長呢？

若害怕竊賊撬開門鎖，改裝磁卡式門鎖也是不錯的辦法；以嚴密保全為賣點的大樓甚至引進最先進的「生體認證」（biometrics）等新型系統。但不管再怎麼防範，歹徒跟蹤、闖空門等犯罪情事，仍然防不勝防，總之身上不要帶太招搖的值錢物品，才是最重要的。也就是說，平常只要穿戴些大家都有的東西，千萬別隨身帶著會危及性命的貴重物品。畢竟世事難料，難保不會有臨時起意殺人的情況（當然這種情形不太常見）。

不管是年輕人或老年人，只要活著就有風險。待在家裡遭竊賊入侵的機率和心臟病患者爬山發病的機率，兩相比較起來，顯然後者的風險要高一些；至於開車或搭飛機，風險就更高了。但是即便如此，人類還是不想放棄自己想做的事，這種心態和年齡是無關的。

無論是交通事故、災難還是犯罪事件，都是無法預測的風險，雖然防患未然是很好的觀念，但若因噎廢食，就太本末倒置了。

第三章

人生經驗 維繫人際關係

擅於過獨居生活者，不僅懂得享受獨處樂趣，
也能保持不錯的人際關係，
因為他們明白獨居生活不會只有快樂，
難免也會感到不安、也會需要他人伸出援手。
家人總有離去的一天，
工作也不可能長久持續到人生盡頭，
那麼，何不廣結善緣，結交氣味相投的好友、飯友，
隨時傾吐心事，確實維繫彼此的關係，
誰說單身暮年生活一定很寂寞？

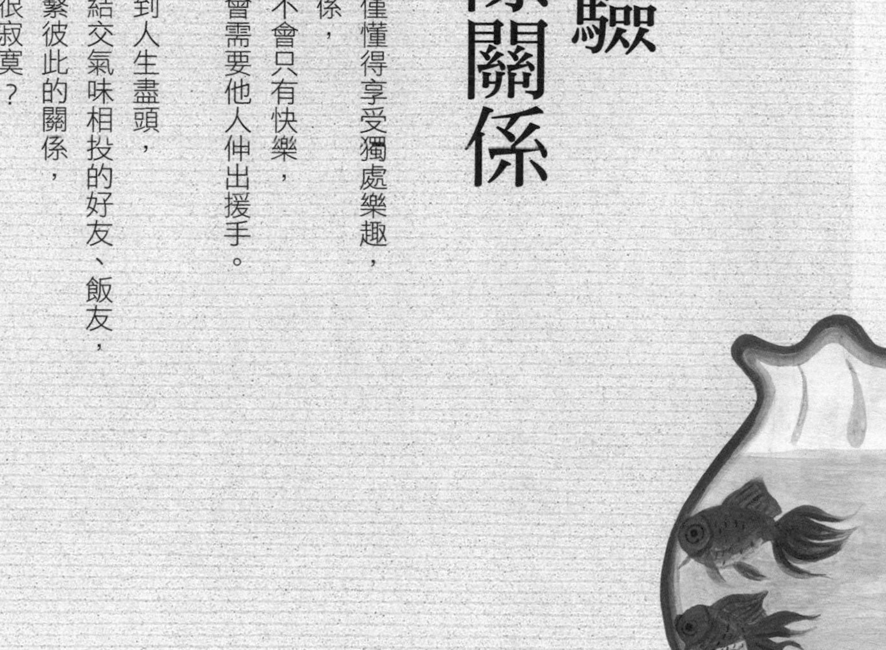

幾個人相處都可以自在快樂

「一個人的老後生活」就是隨心所欲選擇自己想要的生活方式。想獨處就獨處，想兩人相處就找個伴，想過團體生活就找大家熱鬧一下。

以一個人為單位，獨居者可以和他人雙雙共處，當然也可以和一大群人相處。獨居者不見得會一直獨自生活，而與家人同住者也不見得會永遠同住一處。

根據我所執行的九州地方都市調查顯示，絕大部分與子女同住的高齡者，白天的生活方式與處於重度照護狀態的獨居高齡者相同（稱為「日間單身家庭」）。由於現今家庭主婦並不一定會整天待在家裡，若子女夫婦都有工作，同住的年長者白天也是獨自一人，所以與子女同住與否，其實並沒有太大差異。

一個人生活的基本要點，就是必須耐得住寂寞。至於如何享受單身生活，問我們這種專家就對了。對我們而言，生活中若有其他人同處於一個空間，反而會分心，無法集中注意力。基本上，我的工作以「閱讀」和「寫作」為主，工作模式較為靜態，若以古老的職業來比喻，比較近似於裝飾師傅或版畫雕刻師等在家從事手工藝的職業。有些人

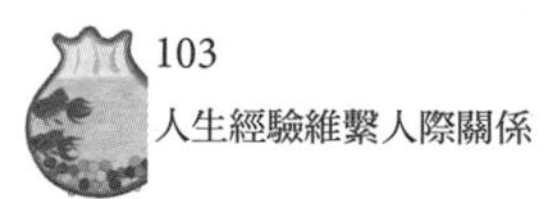

工作時喜歡打開收音機，邊聽音樂邊工作，但我卻完全相反。我覺得能在一片寂靜、沒有干擾的環境下集中精神工作，是最幸福不過的事了。

獨處時的快樂與孤單

前面我曾提及，覺得高齡者獨居生活「一定很寂寞」的想法，實在可笑。因為獨自生活的高齡者，其實都頗能耐得住寂寞。日本介紹北歐先進國家的社會福利制度時，總會誇張地刻意強調單身家庭比例高的瑞典，高齡者自殺率也偏高，所以子孫滿堂的日本高齡者是多麼幸福……只是，根據資料顯示，日本高齡者自殺率比瑞典高，與家人同住的高齡者自殺率也比獨居老人高。

擅於過獨居生活者，不僅懂得享受獨處的樂趣，也能保有不錯的人際關係，因為他們明白獨居生活不會只有快樂，難免也會不安。反觀生活始終圍繞著家人的人，一旦家人離開身旁，往往就真的變成孤單一人，在有獨居經驗的人看來，這是因為他們不擅和家人以外的人建立良好人際關係的緣故。

「工作狂」的晚年

將工作當成生活重心的人，都會遭遇這樣的處境：一旦離開工作崗位，以往透過工作所串聯的人際關係，便像斷了線的風箏般，一去不復返。

只是，通常這類情形很少發生在日本女性身上，因為多數職業婦女不會完全以工作為生活重心。她們抱持著「不想當個連生活都得配合工作的傻瓜」心態，也可以說，她們對職場上男女不平等的情況早已死心，只願意對工作付出一半心力。

以退休人士的生活方式為題，在其著作《過一個有價值的退休人生》[註1]中做過相關報導的加藤仁先生，曾提及一位對退休生活十分不安的女性，在演講中提出詢問：「我不曉得退休後該怎麼辦？」讓他深感即使是女性，也必須好好設想自己的退休生活。

其實，有許多女性都有這方面的煩惱，也許日後會出現更多被稱為「工作狂」的職業婦女和女性創業家吧。所以，經歷過與男性爭權奪利的職場戰爭後，無論是「成功晉升」還是「被迫降職」，女性朋友們都必須及早為自己規劃好退休生活。

一份受關西知名企業委託，以「如何營造幸福退休生活」為題，針對部分被視為「模範退休人士」的男性所進行的調查報告顯示，他們的共通點都是從四十歲過後就開始陸續規劃，才能輕鬆享受優渥的退休生活。換個角度來看，就是與工作了大半輩子的公司保持一定距離，別讓自己變成工作狂，然後從參與地方活動與培養興趣中「發現另一個自己」。然而，結果也顯示，或許正因為這些人抱持著這種心態，所以職場上的表現並不突出。

※LIFE 熟齡生活指南 銀髮族進修，請參閱別冊第22頁「終身學習不是夢」一文。

放任不管的關係不叫關係

家人總有離去的一天，工作和同事也不可能常在身邊，而陪伴自己走完人生旅程的多半是朋友。因此，沒有家人的單身者，可以將自己的時間與精力用來結交朋友、經營人際關係。

有人認為無須刻意經營的友情，才是真正的友情；不管多久沒見面，相聚時仍一如往常，才是真正的知交。

註1：《過一個有價值的退休人生》原書名為《定年後》，岩波新書二〇〇七年出版。

若是自幼相處的青梅竹馬，也許有此可能，但對於「好幾年沒聯絡」的朋友關係，似乎也不好意思勉強稱對方是「朋友」。其實，**需要時陪伴在自己身旁，給予支持、安慰、分享經驗的人，才是真正的朋友，人際關係是需要努力維繫經營的。**

那麼，家人就是無須經營的關係嗎？若真如此認為，可就大錯特錯了。許多男性就是疏忽經營家庭關係，才會在家中失去地位。**放著不管也能維持的關係，就不叫「關係」而叫「陌生人」了。**

別依賴職場上的友情

我認為朋友就像是鎮靜劑。置身於緊繃的環境中，總希望能有處讓自己放鬆的地方，旅居國外便是一例。若不是觀光，而是在國外工作或留學，一定都背負著不小的壓力，因為學術領域中，每個人都是潛在對手，絲毫大意不得。我很清楚自己的弱點，所以總是積極拓展校外的人際關係，而且只會對學術界以外的朋友發牢騷、吐苦水。

雖然留學生共結連理的例子不勝枚舉，但每次看到這樣的夫妻檔，我就會充滿感觸地心想：「也是啦！畢竟在國外念書壓力很大。」最近我所任教的東京大學社會學系研究室裡，也出現越來越多的學生情侶，我想可能就是周遭環境壓力大的緣故吧。

但另一方面，我也認為這些人缺乏遠見，沒有意識到彼此相互競爭的關係。在如此嚴苛的環境下做研究，的確會渴望有一位同甘共苦、彼此鼓勵的好伙伴，況且對方若是異性，就更能緩和敵對意識。但問題是，一旦危機解除，對於彼此的需求也會隨之改變，此時是否能輕易轉變關係，便是其中的困難之處。

雖然有些人感嘆：「職場上交不到真心朋友。」我卻認為還是別期望在職場上交到朋友比較好，畢竟職場上的友情，多是萬不得已之下的選擇。**同事是職場上的潛在敵手，也是會對你有所評價的人，因此最好還是選擇在和自己的工作毫無利害關係的領域拓展人際關係，既不會因利傷情，相處起來也坦率自然。**

這其實並不難，例如，參加社團或義工活動，就能認識來自各行各業、與自己生活方式完全不同的人，共同分享輕鬆時光。

合則來，不合則去！

一提到「和什麼樣的人在一起最快樂」，就會馬上聯想到「幽默風趣的人」或「話題豐富的人」，但實情並非如此。因為所謂「話題豐富的人」，往往是「自顧自說個不停的人」的代名詞，而這種人怎麼可能受歡迎呢？一張嘴講個不停，只會讓別人覺得厭煩而已。

我也曾認為和這種人吃飯一定很有趣，結果一次應某位男性友人之邀聚餐，沒想到卻敗興而歸。為了炒熱席間氣氛，這位男性友人只好不停說些自以為幽默的話題，結果整個飯局變成了疲勞轟炸。後來我才知道，出身關西的他認為這是一種服務精神。這真是似是而非的觀念，而且不只是「關西人」，有此錯誤觀念的「歐吉桑」其實不在少數。

我認為與其說「在一起很快樂」，不如說「在一起感覺很舒服」，會來得較為恰當。平常沉默寡言、溫和穩重，善於傾聽並能針對重點給予中肯建議的人，就是「在一起感覺很舒服」的人。也就是說，能夠真心傾聽、與人良性溝通，才能贏得別人的喜愛。相反地，自顧自說個不停的人只會令人感到厭煩。

我在山上有間工作室，也順利打入遷居當地的退休人士社交圈。「千鶴子小姐，千鶴子小姐，」能被這群新朋友視為年紀最小的成員，並受到大家歡迎，讓我覺得興奮無比。

有時大家聚在一起吃飯，總會有那種喜歡自吹自擂的人、八卦他人過去的人或是愛說教的人，成員們雖然在當下始終微笑以對，但下次聚會時便自然而然會剔除這些人，讓我對這些老前輩的觀察力與視人之精準，驚訝得瞠目結舌。

好不容易上了年紀，可以遠離世俗利害，當然不想再忍受難搞的傢伙。畢竟時間和精力有限，只想和感覺舒服的人共度美好時光。這樣的想法，或許就是所謂的「江湖經驗」吧。

善用高科技維繫人際交往

住得近當然方便見面、聊天或相約吃飯，但光是如此並不算是溝通。隨著年歲漸長，行動日趨不便，這時就得仰賴高科技的幫助。

所謂的高科技，是指類比通訊（意即電話）和電子通訊（意即網際網路）。每個人都有電話這項了不起的工具，若能發揮雙向溝通效用，將會更為便利。例如若彼此使用相同的手機系統，就能享有網內互打免費的優惠；或是利用ＩＰ電話（網路電話），更是隨你講個過癮。通訊設備越先進，價格便越低廉。

過去，有些女性銀髮族婉拒兒媳邀約同住的好意，選擇獨居生活。「一個人住一定很寂寞吧？」當別人如此關心時，殊不知從不缺講電話對象的她們，每個月的電話費往往高達一萬日圓以上。現在通信費較過去便宜得多，加上散居各地的好友不時會用宅配寄來當季美味食材，而探訪兒媳一家時，也總能收到一些禮品，生活過得還算優渥。就算行動不便或懶得出門，只要善用高科技通訊系統，便能自由地與別人交流。比起出門吃一頓飯就得花上一萬日圓，成本顯然低得多。

藉由網路拓展生活視野

對高齡者而言，IT的發明是莫大福音，也造福了許多病患與身心障礙者。不少人生病時，都會利用網路搜尋相關醫療和社福團體等情報；就算行動不便、無法外出，只要有電腦在手，便能拓展視野與生活圈。若醫院和養老院等相關設施能夠架設區域網路（LAN），也能提供更方便的對外聯繫與溝通方式。

有一種名為「肌萎縮性脊髓側索硬化症」（ALS）的可怕疾病，患者的身體會逐漸失去行動力，甚至無法自主呼吸，最後必須氣切裝設人工呼吸器才能維持生命，成為所謂的「漸凍人」，全身猶如穿上鎧甲般動彈不得，只剩眼皮能動，但病患的意識仍十分清楚。已故的ALS患者山口進一先生，生前便是靠著特製輪椅活動，他曾說過：「電腦簡直救了我們這些ALS患者一命。」

曾在某知名家電製造商擔任工程師的山口先生，很早以前便致力開發通訊硬體，自從罹病後，更是傾注多年累積的專業經驗，針對ＡＬＳ患者開發軟體程式。諸如靠眼皮動作來操控鍵盤的軟體，以及因應患者氣切而無法出聲問題的聲控裝置等，都是他和同為工程師的伙伴們所研發的專用軟體。山口先生是日本ＩＴ產業界的先驅，正因有他的努力，才能推出各種身心障礙者專用的軟體。

電腦是「零障礙」溝通工具

本身為視障者，也是知名「全盲社會學博士」的石川准先生，也是位ＩＴ專家。他陸續開發出聲控程式和視障者專用軟體，並像Linux一樣放在網路上供人免費下載，藉由使用者的各種回饋，促使軟體功能更趨先進、完備。

附帶一提，東大社會學研究室繼石川先生取得博士學位後，又誕生了第二位擁有博士學位的視障者，而大學部也有相同狀況的學生入學。就讀大學部的小健是上野研究小組的一員，他也使用電腦。對視障者來說，無需電腦螢幕，只要有鍵盤和硬碟就行了。小健邊敲著鍵盤還不忘自我調侃：「我這可是道地的『瞎摸』喔！」

視障者專用的聲控軟體對高齡者而言，也是一大幫手。對於不擅使用鍵盤的高齡者而言，聲控軟體簡直是上天賜予的恩典。日本作家水上勉先生晚年便是使用聲控軟體寫作，如此一來就無須口述再勞煩別人筆記。

此外，還有針對瘖啞人士所設計，能在畫面上顯示手語功能的翻譯軟體，使線上聊天和寫電子郵件等都變得極為方便，為身障者清除溝通上的障礙，因此電腦可以說是「零障礙」的溝通工具。

身障者藉由這些特殊軟體的開發，得以改變生活、拓展視野。當我們行動不便，或患了重聽、失明、手腳麻痺、失聲等疾病時，也能利用這些發明安享晚年。對於我們這些高齡預備軍（換句話說，也是身障者預備軍，只是身障程度因人而異）而言，最大的福利就是有了各種輔助工具後，即使生活上有些許不便，也能活得快樂又自在。

貌美如花與舌燦蓮花

接下來，我們來聊聊因為網路而產生變化的異性魅力吧。上野研究小組中，有個學生以「遠距離戀愛」作為畢業論文的題目。隨著地球村時代來臨，不少留學生或外派人員都曾有過異國情緣。

以前談場遠距離戀愛，得花上一筆可觀的國際電話費，而且通話品質不佳，往往無法盡興談情說愛。拜網際網路之賜，現在的遠距離戀愛顯得容易許多。研究小組的學生以相隔太平洋兩端的情侶為例，發現雙方通常會約定好時間上網聊天，雖然無法看到彼此，卻能瞬間感受對方的反應，頗有臨場感。

其中還發現一種有趣的現象——某位現居美國的男子，透過網路同時與一位以上的日本女性交往，他表示聊天時，「比起『長得漂亮、個性好的女生』，『長相普通卻能言善道的女生』顯然有趣多了。」

線上聊天是一種純粹就螢幕上出現的話語進行溝通的方式，一個人的反應快慢，對言詞的敏銳度，是否具有岔開話題或裝傻等「本事」，可說是立見分曉，要是沒有一點本事，馬上就聊不下去了，這種戀情成功與否，往往取決於言詞而不是長相。小說家石川好先生曾說，**雖說真心相愛無需任何言語，但在達到這種境界之前，彼此仍必須充分溝通。**由此可知，不擅表達的日本男人，大概也很難打動外國女人的芳心吧。

老年照護也講究高科技

網際網路的優點與電話不同，使用時無須受制於時間。除了時差問題外，每個人的生活方式都不盡相同，太晚打電話難免有所顧慮，但若是使用電子郵件，一天二十四小時都可隨時傳送。

年輕人收到手機簡訊後，若沒有在五分鐘內收到回應，就會擔心自己被朋友們排擠，但高齡者對此卻顯得不慌不忙。就算對方好幾天沒有回應，也會認為「對方大概沒開電腦吧？」「可能剛好出門吧？」，或是「咦？還沒回信嗎？我應該把信寄出去了吧？對方電腦該不會出了什麼問題吧？哈哈。」畢竟裝傻可是老人家的拿手絕活呢。

恕我談個有點離題的話題。關於日本的照護保險制度，主張「讓受照護者能實際參與規劃」的人，便是之前介紹過的樋口惠子女士，她所提倡的作法，主要的用意就是要讓受照護者能以住民身分，參與每三年召開一次的地方公共團體照護保險事業計畫策定委員會。

事實上，大部分地方公共團體遴選出來的委員，多是學術經驗豐富的人士、專家、或是服務事業的代表及家族會成員，均非真正有照護需求的當事人，當然不可能對受照護者感同身受。**回應使用者的需求才是真正的服務，提供不符合需求的服務，只是一種資源的浪費。因此受照護者必須表達心聲，捍衛己身的權益。**

會使用到照護服務的人，當然是受照護者本身。但是這些人要如何出席委員會呢？有人提出這樣的質疑。其實只要使用輪椅或半自動擔架車，就算是ALS這種重度患者，也能暢行無阻。若能確保這一點，便能達成「由住民實際參與會議」的美意了。

近來也陸續出現各種讓年長者無須特地出門，就能遠距離參與會議的媒體設備。就算受照護者躺在安養機構或醫院病床上，也能隨時以委員會成員身分參與會議，足見高科技時代沒有辦不到的事。有些企業也會利用這類高科技通訊器材，節省員工的出差費用與時間。總之，高齡者和身心障礙者絕對是高科技產業下的最大受惠者。

飯友比性伴侶更重要

若親密程度是以一起吃飯的次數來決定，那麼和家人一起用餐時，就不太可能和其他人有任何交流。一年三百六十五天都和某個人一起吃飯的話，就無法同時和其他人用餐。

當然家族關係也有可能是「開放式」的。我和男友同住京都時，每週都有兩三天邀請朋友來家裡吃飯。現在想想，雖然那時有些閒情逸致，不過也是拜京都地利之便。「我煮了好吃的，要不要過來啊？」住在京都時只要一通電話，朋友便能在十五分鐘內趕到。在東京便較難辦到這點，因為一想到朋友往返就得花上兩個鐘頭，便失了邀約聚

※LIFE熟齡生活指南 銀髮族吃飯問題，請參閱別冊第5頁「飲食是熟齡生活首要問題」一文。

餐的興致，再加上現代單身女性工作繁忙，光要挪出吃飯時間就得排半天，也讓人不甚耐煩。只是，即使一個月前就得早早約好，好不容易才能碰面，但我還是會努力騰出時間與好友聚餐。

有個陪自己一起吃飯的朋友，也許和有個性伴侶同等重要。以下是一群五六十歲的中高年男女聚在一起時所討論的話題：

「在你嚥下最後一口氣之前，你會選擇每天享受美妙的性愛生活，卻吃著難吃的食物？還是選擇每天品嚐美食，卻享受不到美妙的性愛生活？」有人提出這個「大哉問」，結果在座六位男女一致表示：「當然選擇美食！」

其中一位解釋道：「飯每天都得吃，但可不是每天都想做愛。」在座眾人紛紛點頭表示贊同。其實，這也許是自知今後能享受「美妙性愛」，已是可遇不可求的事了吧。

隨著年紀增長，人們更應重視飲食生活。當年我獨自在人生地不熟的國外生活時，便曾大膽昭告眾人：「我不需要性伴侶，但很需要能和我共享美食的飯友。」雖然我也會有性需求，但和友人一起愉快用餐更能豐富心靈。

挑選飯友，重質不重量

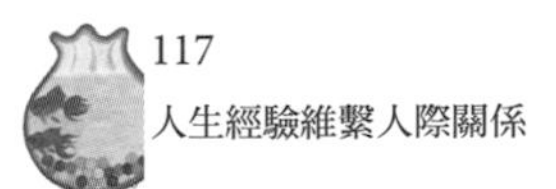

重點不在於吃什麼，而是和誰一起用餐。

這幾年我變得不想再為了賣人情而勉強出席聚會，畢竟和不喜歡的人同桌吃飯，只會讓人食不下嚥。若要一起用餐，當然是找幾個說話幽默風趣、推心置腹的好友小聚即可。

所謂「說話幽默風趣」，一如前述，不是那種自顧自說個不停的人。根據社會學研究小組針對小團體所做的研究報告顯示，通常超過十五個人的團體會自動分裂成兩個各為七至八人的次團體。相信很多人也有這樣的經驗：一場會議下來，能取得共識的人不超過八個，若會議人數超過這個數字，便會發生意見分歧。六個人熱烈討論某個話題時，其他二至三個人就會開始分心岔題，最後搞得大家不歡而散，這種情況屢見不鮮。當然基於人情參加的社交活動則另當別論，若想找好友小聚一番，其實人數不必太多。

小倉千加子女士的著作《如何當個充滿女人味的女人（笑）》註2曾提到，有一次詩人谷川俊太郎先生問她：「對妳而言，什麼是最重要的事？」小倉女士笑著回答：「愉快地享用晚餐吧。」足見她已深刻感受到，自己到了這個年紀，與三五好友愉快用餐是無可取代的寶貴時光。

女人聚會，男人止步

註2：《如何當個充滿女人味的女人（笑）》原書名為《オソナらしさ入門（笑）》，理論社二〇〇七年出版。

婉拒男性加入「女性聚會」也是由於男性的人格特質所致。有一次，我與一位女性友人相約吃飯，對方打了通電話給我，徵詢是否能約一位經由朋友介紹而認識的男性友人一同用餐，因為他最近很消沉，想藉這次聚會替他打氣，結果我婉拒了她的建議，因為有男人參與，餐桌上的話題就會變調。

若對方是個精神充沛的男人，就得忍受他的自吹自擂；若正逢男人心情消沉，就得聽他發牢騷。我以前就曾參加過完全以男人為中心的飯局，明明是自掏腰包享受美食，我可不想當個配合別人的小媳婦。

然而，這種場合難免還是會有那種為了迎合男人，甘願無條件配合的女人，和這種女人同桌用餐，也會讓我心情低落。我倒也沒什麼惡意，只是出於生理上的一種自然反應。其實不少女人對男人都會有這種「奉獻精神」，但因為我實在做不到，所以很排斥。

聽到我的明確拒絕，她也簡單說了句：「也是啦！」表示自己可以理解。等我們在銀座飽餐一頓後，「幸好沒邀他一起來，是吧？」我說道，只見她微笑地回答：「是啊！」

我倒不是討厭和男人同桌共餐，只是這時候一定要慎選對象。無論動機單不單純，和異性相處時，還是不要有第三者干擾比較好，因為我希望這段時間是專屬彼此的時光，對方能夠全心全意地對待自己。

交朋友理應重質不重量。俗話說得好：「君子之交淡如水。」和鄰居或是偶爾相邀吃飯的朋友往來時，保持適度的距離也很重要。另一方面，世上有個非常瞭解自己的朋友，總是在自己最需要的時候伸出援手，這是多麼幸福的事啊！也許所謂的年華老去，就是像這樣的好友一個個離世的孤獨感吧。

單身一族相約跨年

有項仿效財富的多寡，名為「時間富人和時間窮人」，針對時間使用行為所做的調查，設定每個人一天都只有二十四小時，所謂「時間富人」，是指擁有較多「屬於自己的時間」。而一個人一天能自行支配的時間多寡，將決定你是時間富人、還是時間窮人。

依此調查，可以發現兩個極為簡單的現象：

一、一個人無法消磨時間。

二、時間不能白白被消磨。

消磨時間一定要有一起消磨時間的對象，以及知道如何消磨時間的方法。在根本就

不知道如何消磨時間的情況下，有些人面對一大段無所事事的時光，根本就形同「地獄生活」。

對單身者而言，最難熬的時間就是聖誕節和新年。那是朋友各自和家人共度，街上一片冷清，感覺全世界只剩下自己的孤單時節。

然而，這其實正是單身者最彌足珍貴的好處，現在應該就不會有人為了這種事而煩惱了吧。

第二章所提到的俵萌子女士，雖是單身俱樂部裡的前輩，但每年的跨年夜，她都會主辦一場「一起看紅白大對抗」的聚會，邀請單身朋友們一起同樂，將孤單的除夕夜變成一年一度的大型聚會。凡事只要花點心思，便能有所改變。

近幾年，我都是和四位單身男女友人，同桌共享新年蕎麥麵和香檳，來場熱鬧的跨年派對；而且我們吃的新年蕎麥麵還是我的朋友、一位知名蕎麥麵師傅現做的美食。於是我們四人所組成的「新年家庭」，平日雖然有各自的生活，但每年都會聚在一起，互道新年快樂。

另一項重要的例行活動，則是我和幾個單身女性友人同樂的新年聚會。幾個好友圍在桌前，吃著渡邊淳一名作《失樂園》註3中，男女主角殉情前夜所吃的最後一餐——加了水芹的鴨肉火鍋，我們戲稱這道料理為「失樂園火鍋」。書中男女主角吃著這道火鍋

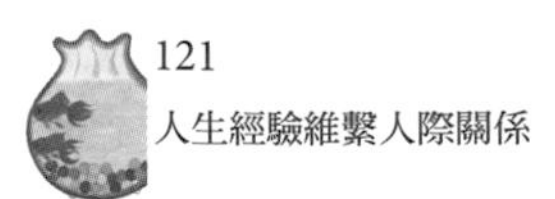

料理時，還配上瑪歌酒莊的醇酒。雖然不像他們將珍藏的醇酒拿出來暢飲，但大夥兒啜飲美酒，一邊談著辛辣的情愛話題，一邊大啖鴨肉火鍋這道百吃不厭的關西美味，成了我們一年一度不可或缺的重要活動。

到了我這個年紀，看著大家聚在一起的歡樂情景，難免會感嘆：「今年也是全員到齊，真是太好了，要是明年也能如此就好了。」隨著年歲漸長，病痛也增多，好友中也有人罹患癌症。雖然大家一年才相聚一次，感覺卻像是真正的家族聚會。

現在不管是聖誕節、萬聖節、新年或女兒節，都成了我們這些單身女性聚會的藉口，所以根本無須羨慕別人有家人陪伴。此外，我們還會準備散壽司、漢堡等年輕人愛吃的東西，大快朵頤之餘，也藉機找回年輕的心；當然有時也會品嚐上等美酒，來場「成人風味」的美食饗宴。若想清閒一下，則找個非假日時間，獨自開車兜風或散步，享受獨處的樂趣。

不管是獨處、還是有人陪伴，如何享受生活端看個人選擇。因此平時要廣結善緣，多認識各類朋友，是單身貴族享受生活的一項祕訣。

註3：《失樂園》原書名為《失楽園》，講談社一九九七年出版。

不想被遺忘就創造記憶吧！

有人說：「所謂『老』，就是逐漸被周遭人所遺忘。」有名有勢的人，或許就有此感慨。某次我收到一位傳播界名人朋友的訃聞，不禁驚訝道：「咦欸?!我還以為他早就離開人世了呢！」我一直以為還算小有名氣的他早已從這個世界上消失了，因為他畢竟曾身處競爭激烈的傳播界，總是鎂光燈的焦點，一旦從媒體前銷聲匿跡，對他而言就像是「從社會上消失」一樣。

然而，希望連素昧平生的人都能「記住自己」的想法，除了表達自己還活著以外，還有其他什麼意義嗎？

愛的記憶不嫌多

「失去」之所以令人痛苦，是因為彼此雖然共享了一段時間與經歷，記憶卻隨著對方的死亡而完全被奪走。所謂記憶，是指自己在對方心中活著的證明。當這種活著的證明隨著對方的死去而消失，便會產生一種難以平復的失落感。

所以，**我希望自己所愛的人能活得長長久久。就算兩人的關係已成了過去式，但對方還是留著我們相愛的回憶。不管彼此身在何方，只要知道對方還活著，我也會覺得很安心。**

隨著年歲漸長，過去自己曾愛過的人也相繼離世，每一次都讓我深切感受到那種永遠失去的痛苦。有人說，年老是隨著身邊親密之人的離世，一種「被遺忘」的感覺，我個人頗贊同這種說法。

「你的情史還真豐富呢！」或許別人會這麼說，但又何妨呢？並不是每個人都能從一而終，守著另一伴啊！

愛的記憶再多也不嫌煩。曾經愛過的人，一定有相愛的理由才會在一起，所以就算分手，我也不曾怨恨自己喜歡過的人，當然也不想看到對方變得不幸，希望對方過得幸福。只是感慨著：「可惜能給你幸福的人，不再是我。」

跟年輕人交朋友

面對身邊親友的相繼離世，也會有一種難以承受的失落感。

不單是情人，家人、青梅竹馬、同甘共苦的好友……眼看彼此共有的時間與經歷所堆積起來的記憶，一一被帶走，自己內心當然覺得痛苦、失落。因為每段回憶都是獨一無二、不可取代的。

有一次，一位令我十分尊敬的男性友人收到了一張訃聞，去世的是與他長久以來一同對市民運動投注心力的伙伴，友人毫不顧忌地淚流滿面的模樣，讓我不知如何安慰。這時的我，只能想辦法讓他知道：**「雖然沒辦法感同身受，但我明白你心中的哀傷。」**

為了減輕這種痛苦，結交比自己年輕的朋友也是個好辦法。雖然年輕的朋友不見得一定比自己晚走一步，但至少可以分散一點這方面的風險。現今已邁入超高齡化社會，「白髮人送黑髮人」的例子也已經變得不再稀奇。

雖然，一個人的記憶無法被取代或掩蓋，但努力傳達「我在你身旁，你不是孤單一人」的訊息也很重要。

若是寵物的話，那就更好解決了。我有個朋友原本有隻養了多年的老狗，後來決定再多養一隻小狗，因為她很清楚哪天要是失去了宛如家人的寵物，心裡會受到多大的衝擊。於是她把自己的愛完全轉移到新來的小狗身上，幸好已經往生的那隻老狗，生前不但不嫉妒，反而會幫忙照顧小狗。每次她聊起這件事，就會瞇著眼睛說：「沒辦法呀！誰叫小狗實在太可愛了。」

「孤獨」也是重要伴侶

其實消除孤獨的感受，所要傳達的並非是「你不是一個人」的訊息，而是讓對方明白：「同樣也很孤獨的我，雖然無法理解你的孤獨，但我知道你很孤獨。」

俗話說：「書中自有黃金屋。」長年與病魔奮戰的生命科學家柳澤桂子女士，曾在其著作《生死書》[註4]中，寫過一段文章：

即使讀了那麼多宗教書、哲學書和文學作品，
卻無法沖淡我對身而為人的悲傷。
透過閱讀，
悲傷反而變成一種更難以動搖的情感。
然而，我也瞭解，這份悲傷，
就是發現自己不是孤單一人。

註4：《生死書》原書名為《柳澤桂子いのちのことば》，集英社二〇〇六年出版。

對單身者而言，孤獨是重要的伴侶，與其一味逃避它，不如試著學習面對。

那麼，如何與孤獨相處？這正是問題所在。

對於孤獨，只有兩個選擇，逃避或是面對。

孤獨在日語中有兩種解釋，「寂寞」（loneliness）與「獨處」（solitude），而「寂寞」與「獨處」是截然不同的意義。

老一輩的人一聽到孤獨這個字眼，就會聯想到「寂寞」，他們沒有個人隱私的觀念，認為與人親密接觸才能證明自己還活著，所以身旁永遠為別人留一方空間，覺得這麼做才能「安心踏實」。然而，與他人之間的身體距離，往往取決於生活習慣，一旦生活方式改變，身體感覺也會跟著改變。

※LIFE 熟齡生活指南　拓展老年多采生活，請參閱別冊第24頁「樂在生活，樂在老後」一文。

你能樂在獨處嗎？

「獨處」是單身者的最基本條件，而且要能享受箇中樂趣。也就是說，選擇單身生活，也就等於選擇享受獨處的樂趣。津田和壽子女士在其著作《再也不怕「一個人」》

[註5]中，清楚區別了「loneliness」和「solitude」的差異，令我深有同感。任職於外商公司，必須時時與人接觸、交涉、談判的職業婦女，之所以樂於「享受獨處的感覺」，其實不難理解。換句話說，若妳樂於「享受獨處的感覺」，便能樂於當個單身貴族。

AV導演兼演員的二村仁志先生在其著作《就是想當萬人迷》[註6]中有句經典名言，一語道破寂寞之人找尋「心靈避風港」的渴求：「你的心靈避風港，就是『一個即使獨處也不會感覺寂寞的地方』。」光是看到這句話，就讓我覺得這本書物超所值。書中描述了一心努力想成為萬人迷的男人所領悟到的人生哲學，能夠拜讀到這本好書，讓我滿心感激，還為其寫了一篇導讀。

自梭羅的名作《湖濱散記》（Walden）問世以來，越來越多美國人開始能接受獨處的樂趣。一位身為外交官之子的美國友人曾對我說過，他的父母在年過七十後離婚，母親搬到波士頓郊區的森林中獨居，退休的父親則有時會到紐約找他吃頓飯，聊聊近況。但我從友人的言談間發現，比起父親，他更加尊敬母親。

聽到他如此表示時，我的腦海裡馬上浮現作家落合惠子最喜歡的美國女作家梅．沙

註5：《再也不怕「一個人」》原書名為《もう、「ひとり」は怖くない》，祥傳社二〇〇一年出版。
註6：《就是想當萬人迷》原書名為《すべてはモテるためである》一九九八年出版／文庫版《モテるための哲学》收錄上野千鶴子女士的解說，幻冬社二〇〇二年出版。

頓（May Sarton）。她在著作《總決算時刻》[註7]中，描述一位癌末的獨居老婦人，不希望自己成為女兒的負擔。換個角度想，其實是因為她不願讓女兒面對失去母親的哀傷，所以在死前希望見面的人，只有幾個女性摯友而已。

閱讀這樣的作品，感受到的不僅是一個人面對死亡的怯懦與溫情，還有不希望親人因為自己的死過度哀傷的祈願。畢竟要面對死亡的人是自己，不是別人。

獨自欣賞月升日落

喜歡廣結善緣的我，也樂於享受獨處感覺。「那是因為對你這種大忙人來說，這種情況司空見慣吧！」雖然有人這麼說，但實情並非如此。

記得在溫哥華過暑假時，因為晚上七點多太陽才會下山，所以我每天習慣帶著罐裝啤酒，開車到海邊的岬角，欣賞太平洋的日落美景。地處高緯的溫哥華，太陽日落時間較晚，坐在草地上吹著海風，一邊欣賞海平面那端的落日餘暉，一邊啜飲著啤酒，真是人生一大享受。

當然有時候我也會心想：如果有個人陪在身旁，一起分享這份喜悅，肯定會更快樂；但若能充分體會獨享美景的樂趣，也能感受到更完美的幸福。

我在溫哥華時，興致一來會找三五好友吃飯，也會獨自品嚐美食，生活步調悠閒又自在。不過我從沒跟任何人提起，獨自欣賞日落美景的美好體驗呢。

我的另一個樂趣，則是在沒有人的圖書館裡，輕鬆讀著與工作無關的書籍。這種時刻真是幸福，可以說是快樂得不得了呢。我想唯有懂得享受獨處樂趣的人，才能體會這種感受吧。

投身大自然的懷抱

大自然是孤獨最好的朋友，唯有身處大自然，才能確實感受自己的渺小，一點也不覺得獨處有何苦悶可言。十幾歲時的我，喜歡爬山、露營，十分熱衷戶外活動，這一切都要感謝兄長的啟發與教導。託他的福，直到現在我還是能透過滑雪、浮潛等活動，享受投身大自然的樂趣。我總是天還未亮，便穿上滑雪裝，戴好護目鏡，冒著寒風前往滑雪場。嘴上邊抱怨：「真是找罪受啊！」邊拄著滑雪杖站在雪原上時，打從心底湧現一股莫名喜悅。此時的我臉上漾起一抹得意笑容，一切壓力早已煙消雲散。

戶外活動吸引人的理由，還包括了一種被大自然接受的感覺。說得更正確點，無關

註7：《總決算時刻》日文書名為《総決算のとき》，幾島幸子譯，心允內書房一九九八年出版。

乎接不接受，其實大自然就在你我身旁。例如有些海拔二千五百公尺以上的地區並不適合人類居住，登山者享受的高山之美，只不過是其魅力的鳳毛麟角。高山的花海雖然美麗，卻不是為我綻放。不管我有沒有置身其中，打從冰河時期就綻放的花海依舊美麗，就算我死了，應該也會繼續綻放吧，而現在展現在我眼前的，就是一種奇蹟。

「大自然多麼美好，不會因為個人而改變。」

我對某位女性友人這麼說時，她卻馬上反駁道：

「才不美好呢！我希望什麼事情都能以自己為主。」

身為心理諮商師的她竟然這麼回答，還真是令人瞠目呢。

※LIFE 熟齡生活指南　暮年戶外生活，請參閱別冊第20頁「走得好，拒絕『好骨頭』悶成『老骨頭』」一文。

寂寞的矛盾心態

也許有人會覺得這種說法有些逞強，那麼就讓我們來想想另一種與寂寞打交道的方式，也就是排解寂寞的管道。

基本上，我是屬於那種坦然面對寂寞的人。**寂寞時，不妨大方承認自己很寂寞吧。**

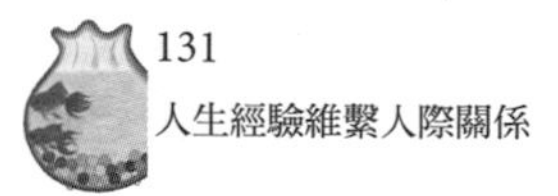

說得更直接一點，就是身邊要有個傾吐心事的對象。

我很清楚自己的弱點，所以一向十分致力於拓展人際關係。如前所述，在國外生活壓力很大，所以最好趕快找到一個能互相發牢騷、一起找樂子的朋友，而且對方一定要熟悉當地的生活情況。

友人說這叫做「寂寞的矛盾心態」。

我的閨中密友都曉得我是個喜歡發牢騷，個性有點優柔寡斷的人。當然我不會把這樣的情緒帶進職場，只是年輕時的我，不喜歡對別人傾吐心事，也不樂於當個傾聽者，面對別人的安慰，我總是用「不要再安慰我了！」來回應，但隨著年歲漸長，我的想法已有所改變。

現在的我認為，無法傾吐心事的對象就稱不上是朋友，就算明知安慰的話語根本幫不上忙，也會跟對方說：「可以安慰我一下嗎？」相對地，我也會主動對朋友說：「雖然幫不上什麼忙，但至少能聽你發發牢騷。」

人也是「一種易碎品」

年齡或許會讓人體驗到「人類也是易碎品」的道理。正因為「易碎」，才會被小心

翼翼地對待，或許卻又免不了要承受許多打擊與破壞。

每次心情低落時，我便深深覺得身為女人真好，可以毫無顧忌地表現出自己最脆弱的一面。

我以同理心看待年紀相仿的男性，也不由得心生同情。雖然他們和女性一樣承受著各種壓力，卻總是逼迫自己壓抑情緒，結果在情緒找不到出口宣洩的狀況下，便積鬱成疾，甚至自殺以求解脫。

我自認是個能理解男人軟弱一面的好女人，也相信對男人而言，我是個傾吐心事的最佳對象。當然在傾聽他們發發牢騷之餘，我也會思索自己究竟能幫他們做些什麼。

其實男人和女人一樣，也是易碎品，是一種明明和女人一樣脆弱，卻無法承認的矛盾生物。

女人吐苦水，男人呑苦水

隨著年歲漸長，我也更能坦然面對自己的脆弱。

當然世上的確也有個性剛強、毅力非凡的長者，但我很清楚自己絕對沒有那種能耐。面對病痛的折磨，也許我會痛苦得嗚咽啜泣；面對死神的迫近，我也會不知所措，亂了方寸。

由於我的父親是醫師，所以我很清楚癌末患者與死神搏鬥的那種無助感，而我也相信一般人應該都無法面對生命即將結束的事實。

當年，我照顧臥病在床的父親時，雖然從親朋好友聽聞了許多照護的方法與經驗，卻未曾聽聞過任何勇敢迎向死神的經驗談。

雖然我認為「這世上應該還是有這種人吧」，但絕大部分的人都無法從容不迫地面對死亡的到來。於是身為家人的我，決定一切都順著父親的心情，陪伴他走過人生最後一段旅程。

我一直思索著，該如何有尊嚴地離開世界。因為連我自己都不知道，在死亡逼近的那一刻，自己是否仍可如身體健康時所簽署的拒絕急救同意書般，完全不改變心意。

人類是脆弱的生物，常會動搖心志，明明昨天決定好的事，到了今天就推翻。所以，**人們的心境總是隨著時間而不斷改變，並不是每個人都可以咬牙貫徹已經決定好的事情。**

痛苦、哀傷、疼痛、困擾……面對這些自然生理反應，只要坦率向別人求助就對了。只是，表達方式一定要心平氣和、清楚明白。我認為至少就這點來說，身為女人還滿幸福的。

若沒有人對你伸出援手，也無須悲傷。只要努力拓展人際關係，結交能夠隨時傾吐心事的朋友，確實維繫彼此的關係就行了。這就是朋友的存在價值。

第四章

理財規劃 保有無虞晚年

有錢好辦事，永遠不嫌多，
人生到老，還是錢最重要？
單身暮年到底需要多少費用才能生活無虞？
其實，日常支出的多寡見仁見智，無法一概而論，
對於沒有子嗣繼承，
生不帶來死不帶去的單身者而言，
活用自己的儲蓄金，
維持一定的生活品質，拓展全新的生活面貌，
才能打造一個幸福的單身晚年。

活到老，當然還是錢最重要

越來越多以自營業者與退休人士為主的歐吉桑聚會上，開始談論著「高齡社會趨勢」的話題。

這些人其實不太思考自己的晚年生活，他們就算是高齡者，也是所謂的前期高齡者（六十五至七十四歲稱為前期高齡者，七十五歲以上稱為後期高齡者），身體狀況尚佳，幾乎不曾想過自己總有一天，也會成為需要照護的老人。

而且他們相信，就算有一天半身不遂或因病長期臥床，妻子也會負起看護的責任，有人就曾公開說：「要娶就娶個身強力壯的老婆。」但問題是，他們眼中「身強力壯的老婆」也會有病倒的一天，也可能比他們先走一步，畢竟世事難料啊！

女人就是死要錢?!

當然也有人選擇再婚，只不過現代男性已不像過去，那麼容易再婚了。日本ＩＴ產業聞人堀江貴文曾說過一句令日本社會譁然的名言：「女人就是死要錢。」其實就某種程度而言還挺貼切的。只要有錢、有地位，找到再婚對象的可能性就會大幅升高。

我過去曾採訪過京都一位專門舉辦「黃昏之戀」活動的負責人，據他瞭解，能夠成功配對的組合，清一色都是女小男大。也許這些男人們多少會考慮到將來的照護問題吧。

「黃昏之戀」最大的阻力往往來自於「老人預備軍」，也就是當事者的兒子和女兒。「你們就當作多一個照顧我的人手嘛！」只要向兒女如此解釋，幾乎都能成功達到目的。反正只要分點財產給父親再婚的對象，自己便不用承擔照護父親的責任，想想還滿划算的，這就是一般世人對於夫妻間照護關係的「認知」。有些甚至可以嗅出其他「意圖」：反正對方是後母，父親往生後分點財產給她，打發一下就行了。

但世事並非盡如人意，我在一場以歐吉桑為對象的演講中，竭力為他們說明現今照護情況的轉變，甚至提出較為威脅性的看法，然而演講尾聲，卻有人提出這樣的問題：「照您今天所談的，人到最後能夠依靠的還是錢吧？」

聽到這番話後，我頓時沮喪地覺得當天的努力全都白費了。雖然晚年生活充滿各種不安的變數，但我也不斷補充說明，為了減輕內心的不安，各地方都已成立照護組織（組織成員幾乎都是女性）。

其實人們真正想要的照護服務，是金錢買不到的。而我也一再強調，照護這種商品的價格與品質，往往無法成正比。

千金難買完善照護

若真能安心在家養老，直到嚥下最後一口氣，的確就無須花費太多金錢，然而前提是要有完善的照護保險與補助制度。有位獨居的老爺爺平日接受二十四小時的巡迴照護，後來在家裡走完人生最後一程；還有一位入住多功能小型養老院的老婆婆，在照護人員的陪伴下安詳地前往另一個世界。這兩位都是有家人的獨居老人。

前述的這位老爺爺，兩個女兒都遠嫁他鄉，所以發現他不對勁的是每天前來服務的照護人員，於是趕緊通報照護中心，聯絡家屬，兩個女兒才能趕回來，陪伴父親度過人生最後一週。家屬十分感謝照護單位的協助，但病情若再拖延一個月或三個月，也許反而會被家屬埋怨也說不定。

另外這位老婆婆，則是醫院建議辦理出院，讓老人家返家度過臨終生活。只是家屬對於接老婆婆回家一事十分擔心。甚至拜託醫生：「醫生，可以讓老人家留在醫院直到嚥下最後一口氣嗎？」本來計畫轉到安寧病房，但家屬與照護人員商談後，照護人員建議將老婆婆送到她平日常去的日間托顧中心，而家屬也接受了這個建議。

在熟悉的環境和人們圍繞下，家人也給予最無微不至的照顧，老婆婆走得十分安詳。家屬十分感謝日間托顧中心的幫忙，雖然托顧中心本身並沒有完善的照護服務，但在當事人和家屬的信賴之下，仍然成就了一樁美事。

正因為有這種例子發生，才能證明：高品質的私人照護中心，正是為有需求者而存在。就算住進價格昂貴的養老院，也無法保證良好的照護品質。那麼，錢究竟能買到什麼？也許，錢只能買到「錢能買到的東西」吧。

資深單身者的花費要有餘裕才好

有錢好辦事，而且永遠不嫌多，那麼到底要多少錢才夠？

首先是生活費。獨居銀髮族的生活費要多少才夠呢？錢的多寡影響生活品質，實在無法籠統估量。光是基本支出就有勞健保費、水電瓦斯費和電話費等，實在無法想像沒有錢怎麼過生活，不過我倒是聽聞有人在寒冷的日本北方生活，一個月的開銷只要五萬日圓。

標榜節省能源、成本的節約型住宅（passive solar house，不是機械利用太陽能，而是利用建築原理提高太陽能效率的住宅）也推出套房式住宅，是非常適合獨居的舒適環境。**若有座小菜園，還可以種些新鮮蔬菜，也可以動手做些手工食品，生活照樣過得富足無虞。由此可見，生活富裕與否和金錢並無絕對關係。**

照護設施也有艙等之別

多數老人之家的收費標準，含三餐每月約十二萬至十五萬日圓，這是以日本高齡獨居長者的年金所能負擔的範圍來定價。若覺得收費還算合理，也是一項可以列入考慮的選擇。視房間大小、設施的豪華程度以及餐飲品質等條件而定，每月最高收費也不過三十萬日圓左右。

「Sun Village新生苑」是日本私立養老院的先驅，負責人石原美智子小姐設計了破天荒的方案，一九九三年推出媲美飯店客房的單人房，每月須支付三十六萬日圓的高價。「這麼貴會有人來住嗎？」周遭人們對這點擔心不已，但沒想到三十個房間一下子便被訂滿。其實這種價格和醫院個人病房一個月的收費相差不大，相較之下新生苑的單人房划算多了，工作人員表示：

「這和不管坐頭等艙還是經濟艙，都是到達相同目的地，是一樣的道理，我們不光是房間設備豪華，照護設施也在水準之上。」

石原小姐對於餐飲方面也有獨到的想法。比起請專人到府料理三餐，就算只料理一餐也要付一個小時的工資，不如採取中央廚房供餐的方式（集中一處料理、供給餐飲的系統），不但節省成本，也能提供更好的服務。依個人口味以及能負擔的費用不同，推出各種套餐以供選擇，這就是所謂的資本主義理論。看來貫徹市場主義的石原照護哲學，也值得日本照護保險制度作為根本參考。

料理三餐變成閒暇樂趣

提供三餐的銀髮族專屬住宅最受當了一輩子家庭主婦的女性歡迎。**對於總算從長年「工作」中解放的她們而言，不用動手料理三餐的生活好比王公貴族般享受。若想吃點合乎口味的美食，偶爾也可以動手自理或外出吃頓大餐，讓料理三餐從日常義務變成一種閒暇時的樂趣。**

提供三餐的銀髮族專屬住宅有全天供應三餐的服務，也有早餐自行料理，只提供午、晚餐；還有午餐視個人需求供應，只在週一到週五提供晚餐、或是一週只提供兩天晚餐等各種選擇。在現今方便的生活中，還可以到便利商店買便當或是買些現成菜餚，解決三餐的方式十分多樣化。

除了確保基本的居住與飲食品質外，若還有餘裕培養興趣與參與社交活動即可，其實一個人的老後生活，並不需要太過龐大的花費。

心甘情願的意外支出

一窺高齡者的家計簿，會發現在現金支出部分，以支付親戚的婚喪喜慶費用為大宗。例如，慶祝孫子入學、就業的祝賀金、結婚禮金等都是必要支出，所以身為「敗犬」的單身者或許會覺得自己真是虧大了，這些因為送給甥姪輩當賀禮的禮金，根本不可能有機會賺回來。

這時就得告訴自己，既然要付錢就得付得心甘情願。即使沒有兒孫、甥姪等後輩照顧自己的晚年生活，至少也不用看別人的臉色過活，總之還是別太期待他人一定會記住你對他的好。

奠儀數字非悼念心意

最令單身年長者傷腦筋的支出，就是接到親友訃聞時，究竟該包多少奠儀才不失禮數。除了參加喪禮就得花上一筆交通費外，再加上給親戚的奠儀，大概從三萬到十萬日圓不等，朋友則為一萬到三萬日圓。光從婚喪喜慶相關書籍中得知這些資訊，就足以令人背脊發涼。若只有一個人，還算是可負擔範圍，若短時間內接二連三地收到白帖，多少會影響生活開支。因此有些地區居民委員會經過協議後，規定地區中任何人往生，每戶包出的奠儀一律為五千日圓，如此一來就不會有人為了該包多少錢而大傷腦筋了。

這幾年接到最讓我覺得貼心的訃聞，就是只舉行限近親參加的家祭，不但不收奠儀、花圈花籃，也不大肆宣布。好友們若想為往生者辦場「追思會」，另行籌劃即可。如果彼此能建立這種習慣，就不需要為怎麼做才不失禮而傷神了。「依往生者遺願，奠儀將全數捐贈社福機構。」我偶爾也會收到這樣的通知，但其實這種訊息可事先告知祭拜者。總之，我認為悼念往生者的心意和奠儀多寡不應混為一談。

生命非關人情義理

有間位於京都的花店，會刻意避開靈堂擺滿鮮花的喪禮期間，待頭七或四十九日的喪期告一段落，才將以山野草搭配其他花卉的悼念花籃，送到遺族手上。

不過這種作法只限與遺屬關係較親密的至親好友，與其說是為了悼念往生者，不如說是為了自己，由衷地向往生者道別，好好整理自己的心情。

仔細想想，之所以舉辦喪禮，其實不是為了往生者，而是為了尚在人世的人們。相信每個人多少都遇過，比起權貴者本身的喪禮，他們的雙親或妻子往生時的喪禮往往更為盛大。這是因為這份「心意」是為了尚存留人世的生者所舉辦，當這位生者亡故時，對其他遺族來說，這樣的人情義理其實早就不存在了。

不管是喪禮或守靈，都是一種「人情義理」的延伸。對於長壽的單身者而言，什麼社會地位、權力都早已看淡，也就沒有拘泥於世俗人情的必要。

此時，明白什麼是自己必須珍惜的人際關係，才是最重要的。所謂的長命百歲，便是指看淡世俗人情，自在生活。畢竟人生最後留下的，正是金錢買不到的人際關係。

晚年開銷盡可能自立自強

多數人都認為年金最好能維持基本生活開銷。以附有照護服務的老人之家收費——每月十二至十五萬日圓——為基準，究竟有多少單身女性能單靠年金度過晚年呢？

工作四十年的上班族所能領取的年金，每月約二十三萬三千日圓（二〇〇七年度）。避開瑣碎的制度細節不談，一般全職家庭主婦於丈夫亡故後，可領得四分之三的遺族年金。另一方面，日本從二〇〇七年度開始實施的離婚國民年金分配制度，勢必將掀起「熟齡離婚」的風潮。這項制度依婚姻年數決定離婚時的分配額，最多可分到丈夫一半的國民年金。附帶一提，不少人誤以為一離婚便能馬上領到年金配額，其實還是要等到開始領年金的年齡，才能開始領取。

在日本，妻子的領取金額為配偶亡故每月十二萬五千日圓，離婚則是每月十一萬七千日圓。差異並不大，也許這就是造成熟齡離婚比例增高的原因之一。

※LIFE 熟齡生活指南　台灣年金制度，請參閱別冊第30頁「老後基礎保障：台灣三大年金」一文。

年金制度的不公平

若丈夫身故前一年的年收入（或妻子的年收入）超過八百五十萬日圓，妻子就不能領取遺屬年金。那麼，試問有多少女人，在與丈夫天人永隔時，會達到這樣的收入水準？

未婚單身女性沒有丈夫可依靠，只能靠自己工作生活，因此大部分都有年金可領。但是，二〇〇三年日本首相森喜朗卻曾不客氣地表示：「沒生小孩的女人高喊自由萬歲，開心地活到一把年紀，卻又要人民用稅金養她們，實在令人匪夷所思。」此外，即使是現在，還是有全職家庭主婦對不婚單身者抱怨：「我們辛苦養大的孩子，居然要負擔妳的晚年生活……」這實在是天大的誤會，職業婦女始終都有支付稅金、年金和保險費，而這些錢主要就是用來負擔年長者的晚年生活。

年金設立的宗旨本來就是用自己繳納的錢，負擔自己未來的生活，正因為年輕時的繳納才有「儲蓄」，但現在卻變相成為社會中堅世代給年長者「生活費」的一種「徵收措施」。歸咎起來，其實都是無能政府拿了人民的血汗錢，卻沒有好好運用的結果。

近來日本有人提議改變這種徵收方式，再度恢復成年金儲蓄制，比較合乎公平原則。在日本，這類沒有繳納保險費也享有年金福利的人，就是指第三類被保險者，也就是另一半是一般上班族、公務員的全職家庭主婦。想想，若真要覺得不公平的人，應該是辛苦工作的職業婦女吧？

哎呀！不行、不行。日本政府的目的就是要激化職業婦女與全職家庭主婦的對立，所以千萬別上了政府的當。

日本全職家庭主婦幾乎都是所謂的「假性全職家庭主婦」，意即年收入不到一〇三萬日圓的主婦都約定俗成地被稱為「全職家庭主婦」。大多數女性在婚後並不會完全過著無職、無收入的生活，多少會有些許收入來源。但雇主在員工的年薪低於一〇三萬日圓，卻無須替員工投保、也無須給予任何福利，便能聘雇到家庭主婦這類廉價勞工。

所以，日本的社會保障制度，也就是年金制度已變相成了「獨厚雇主」的制度。不管是職業婦女還是家庭主婦，如果有彼此互批的閒情逸致，不如對這種不合理的制度發出怒吼。

銀髮族也要有私房錢

高齡社會將產生更多「貧困女性」，這是指越來越多女性未來會出現沒有年金可領，或是只能領到微薄年金的情況。目前日本八、九十歲的女性中，就有許多人屬於這個族群。

這也許導因於當年國民年金制度開辦時，她們的年事已高，參加時間短或是未支付保險費，又因為自營業者的身分，只能參加國民年金，才使得有人甚至每月只能領取約兩萬日圓的扭曲現象。

儘管如此，這些年長者若與家人同住，在別人眼中，每月領到手的年金往往成了「老人家的私房錢」。**有些年長者會毫不考慮地將年金拿來當作給孫子的零用錢，但我認為與其用來討好孫子，倒不如多用在自己身上。**

只是，這些團塊世代女性的共通點，第一是結婚比例極高；其次則是就職率也很高，所以大多數人所領取的，不是自己的年金就是丈夫的年金。

男人就該養家活口？

據一位專門替銀髮族牽紅線的活動負責人表示，女性最在乎的就是男性的年金收入。「妳自己應該也有年金可領吧？各用各的年金生活不就好了嗎？」但許多日本女性仍然有著男人應該撐起家計的性別觀念。

既然都活到這把年紀了，不妨拋棄世俗的性別觀念，生活才能更自在。假設每個人

都多少可以靠年金過活，反正一個人生活不容易，此時兩個人生活，然後各自負擔自己的生活費用，肯定會較為寬裕。相信許多人都聽過一種說法：「兩人生活反倒比單身生活更省錢。」

就連提出「單身寄生族」這句流行詞彙的山田昌弘先生也主張，為了讓不想結婚的年輕人興起結婚的念頭，將他們趕出家門，斷絕一切經濟援助就行了。如此一來，貧窮的年輕情侶也許會覺得「兩個人在一起才能分擔生活開銷」，於是決定同居，同居後發生性行為便有了下一代……只是，不知道是否真能如此順利就是了。

不只是年輕族群流行同居，高齡者也會找女性友人同住。除了同是單身者的好姊妹一起同住，同性戀的單身族群也會認真考慮晚年生活，因為他們和一般單身者一樣，都覺悟到「晚年沒有小孩可依靠」的事實，因此社會上才會有銀髮族專屬住宅、集合住宅、老人村等相關設施興起。

年紀越大越要懂得理財與守財

基本上，年金加上些許生活津貼，就足以支付一個人的晚年生活花費，過著尚稱寬裕的生活。但所謂的「寬裕」，其實也只是一個月幾萬塊，並不是很大的數目。何況女性銀髮族沒有工作收入，過去或許還能靠孩子金援，但現在已無法再依賴孩子了。

大部分單身者都擁有一、兩項可以教授他人的專長，像是茶道、插花。有些人每週在公民會館擔任俳句課程的講師，或是教導住家附近的小朋友唸書，光是週末假日的兼差，每個月就有幾萬日圓收入。若身體狀況還不錯，還有許多沒有年齡限制的社區兼差工作可選擇，例如一週可花幾個小時照顧比自己年長的人，或是擔任為其他年長者送三餐的有給職志工等。

死錢變活錢

只要受雇於人，就得面對性別與年齡所帶來的不公平待遇，若是自行創業當老闆，就不必看別人的臉色。

日本經濟學家島田晴雄先生十分贊成銀髮族創業。眾所皆知，日本銀髮族的高儲蓄率在全世界可說是數一數二，但與其存入銀行變成「死錢」，還不如善加活用來投資事業，讓「死錢變活錢」，還能促進日本經濟發展。當然，也不必拚了命地投資，冒著把自己的老本賠光光的風險，如果可以秉持不貪心的原則，我想許多人應該都有做點小生意，一個月賺個五萬、十萬的生意頭腦吧。

長期參與提升消費者生活品質活動的厚子，每天都為了促進NPO[註1]發展而忙碌不已。過去她所舉辦的活動，都是以號召大家提供自家烹調的便當作為組織收入，但為了替地區居民打造一處共有的生活空間，該團體以出租畫廊為第一步，現已成功轉型為一年前得先預約才能參加的營利單位。近年來還致力研究網路開設舊書店，因為不設實體店鋪，所以投資風險極低，雖然收益有限，但也不至於虧損到經營不下去的程度。

每當我心血來潮想做點什麼時，周遭就會七嘴八舌提供各種意見。想想，一個退休的社會學家能為這個社會盡些什麼心力呢？我到目前為止還沒想過呢！（笑）

※LIFE 熟齡生活指南 理財問題，請參閱別冊第28頁「長壽風險靠理財輕鬆解決」一文。

重返職場的銀髮族

在日本，無論男性或女性銀髮族，光靠年金根本無法過活。因此，就算金額不多也

註1：「Nonprofit Organization」或是「Not-for-Profit Organizat on」的簡稱，廣義是指非營利團體，狹義則是以服務社會為目的的公益市民團體。

無妨，只要每個月有固定現金入袋，也就是有收入即可。相較於各國，日本高齡者的就業意願非常高，但這不是因為「喜歡工作」的緣故，而是光靠年金根本無法溫飽。要是年金足夠支付生活所需，也就不必辛苦賺錢了。

幾年前，我負責的研究室要招募祕書，向就業服務站登錄求才訊息，為避免被外界批評「年齡歧視」（ageism），所以並未附上年齡限制的條件。但現在的勞動市場，四十五歲以上的人幾乎沒有什麼就業機會，一個工作往往會吸引一百個人前來應徵。而其中前來應徵的七位男性，就有四位是退休人士。

我當時面試了一位住在橫濱的七十多歲男性，原本是工程師的他，不但精通電腦，感覺人也滿好相處。「如果你被錄取了，每天得花很多時間通勤呢。」對於我的擔心，他回答道：「薪水不高沒有關係，我還有年金，只是希望能再回到以前那種規律的上班生活。」我當時差點脫口而出，你的健康管理問題可不是我們的責任，沒想到他卻拿出一本裝滿過去工作成果的資料匣，頓時讓我有些不知所措。我發現這種「老是喜歡沉浸於過往豐功偉業」的人，以男性居多。「以你這種優秀的經歷來做這份工作，實在太大材小用了……」我只好委婉地拒絕他。

家族的「黑盒子」

正因為有很多想重返職場的銀髮族，才會有所謂「銀髮族人力銀行」的產生。也許這對雇主而言是非常划算的人力招募來源，因為以廉價的工資，就能雇用到工作經驗豐富的人才。雖然日本企業對勞工的性別與年齡一向有不公平待遇，但仔細想想，已婚女性打工族也算是一方面幫丈夫分擔家計，一方面過著「年金生活」；年輕打工族也是一方面依靠父母資助，一方面過著「年金生活」。

人口學上所謂「打工族」、「無業族」的主要成員──「團塊Junior世代」[註2]，被長期研究該世代的市場研究專家辻中俊樹稱為「預支年金生活者」[註3]。團塊Junior世代的打工族雖然是日本長期通貨緊縮螺旋（deflationary spiral）經濟結構下的受害者，但他們缺乏危機意識、對生活不夠積極也是不容忽視的問題。

辻中先生從市場研究資料中發現，這個世代的行為極為接近「年金生活者」。舉例來說，這個世代沒有儲蓄意願，只求現金收入（只求有基本收入），眼光短淺，只看重眼前利益。就連異性關係也是，喝茶聊天的朋友都可以發生性愛關係，所以，團塊

註2：指日本一九七〇之後出生的人，意即第二次嬰兒潮所生的下一代。
註3：此說法取自於《團塊ジュニア　15世代白書》，誠文堂新光社　九八八年出版。

Junior 世代的情侶才會成為晚婚一族。

而這個世代之所以面對如此惡劣的工作條件與環境，卻不像法國年輕人為了爭取工作權而暴動，多半是由於家人的年金保障了這些年輕人的生活。近年來，有一部分經濟學家提出了日本經濟過於依賴家族這個「黑盒子」的說法註4，就我看來，只能說這真是「後見之明」！

死錢活用的聰明理財哲學

相反地，單身年長者雖然可能還有點積蓄，卻完全沒有現金收入，光靠年金一定無法安度晚年，必須另謀他法。其實，只要利用積蓄來「生現金」，便能夠解決問題。

前述曾提及，獨自生活的單身者擁有不動產的比例很高，但因為是自己要住的房子，所以沒辦法轉賣或出租。不過若房子擁有三房二廳的格局，不妨考慮出租，然後自己搬到提供照護服務的設施，如此一來便多了一項房租收入。

日本的「武藏野模式」

所謂「房屋淨值轉換抵押貸款」（Reverse Mortgage），又稱「逆向抵押貸款」[註5]，是一種以自己名下的房子做抵押的貸款方式。東京武藏野市是日本第一個引進這種貸款方式的地區，又稱為「武藏野模式」，據說自一九八一年開辦後，二十年來使用這種方式貸款的案例共有一百件，但未形成風潮的原因有二：

首先是子女反對。因為他們認為父母的家就是自己的家，這種觀念也是他們有可能成為「預支年金生活者」的證明。**我個人卻認為年長者若無法接受名下的房子就是自己的房子，沒必要留給子孫的觀念，一定也無法忍耐一個人的老後生活。**相反地，身為「敗犬」的單身者因為沒有這些煩人的孩子或親屬，在這方面就顯得幸運許多。

我曾經在日本極度高齡化的京都住了很長一段時間，而且住在屬精華地段的中京區。一到午餐時分，從玄關氣派的京都傳統舊式房屋深處，就會飄出陣陣燒烤香味；街上多是米店和豆腐店，而且魚店店頭大多擺著醃魚乾而不是鮮魚。這裡的銀髮族雖然住

註4：諷刺越來越多家庭表面和諧，其實家族關係早已分崩離析的情況。

註5：供銀髮族使用且流行於國外之產品，大致內容為依借款人之年紀與不動產之價值，以每月定額方式支付予借款人，期間利息不必支付，直接計入債權，所以年紀越大及不動產價值越高者借的越多，它可以讓高齡借款人不必以出售方式取得生活所需之收入，且無每月支付利息之壓力。

在一坪百萬日圓的黃金住宅區，卻過著極為儉樸的生活。

我曾向京都市政人員提議比照武藏野，推廣「京都模式」，卻以「不符合當地風俗民情」為由遭到婉拒。因為京都人繼承了數代祖先遺留下來的土地，對他們而言，賣掉土地就等於對祖先不敬。

有土斯有財的神話

但是，真有祖先代代相傳的土地嗎？我認為這只是抱持「有土斯有財」觀念的日本人創造出來的神話罷了。而京都傳統住宅的各項研究資料也顯示，就連最具傳統京都風情的「山鉾町」，當地居民的兩、三代前的先祖也多是外地人。這些由祖先代代傳承下來的田地，大多在幕末後屢遭轉賣。因此，明治時期興起的大地主，多是幕末到明治期間，大量搜購田地而冒出頭的新興勢力。約莫半世紀之前，佃農因為二戰後美國占領軍的農地改革而擁有自己的土地，追溯起來，務農也不過三代，因此什麼「祖先代代相傳……」的說法，實在很牽強。

我有個朋友的父親，就是因農地改革而失去很多田地的地主。儘管如此，他還是將剩下的幾筆土地一一賣掉，供五個孩子念大學，只留下一塊自家種米用的田地。他父親認為讓孩子受教育，比守著祖先留下來的土地更重要。其實就算他要守著田地安享晚年，也沒有人有資格抱怨吧。

正的贈與和負的贈與

在日本團塊世代中，遷居大都會區的有許多是家族次男或三男。他們在日後娶妻共築自己的小家庭，正因為沒有從父母那裡繼承任何財產，所以認為自己辛苦賺來的東西，就該自己享用。我想團塊 Junior 世代對這一點大概會覺得很失望吧，但也請好好地自我反省吧。

對於「預支年金生活者」的團塊 Junior 世代來說，失去父母的金援會發生什麼樣的恐慌？有人預測團塊 Junior 世代將會成為日本社會的「呆帳」，然而，這群人卻期待自己步入老年之前，日本政府能訂立一套銀髮族的福利政策，讓自己在上了年紀後，就算沒有儲蓄也能生活無虞。

團塊世代之所以有儲蓄觀念，是因為沒有來自父母的金援。更早之前的人們認為，離家到外地工作就是為了寄錢回家奉養雙親，這種關係稱為世代間「負的贈與」。團塊世代雖然沒有得到父母「正的贈與」，但也沒有接收所謂「負的贈與」，意即只要照顧好自己的生活即可，就某種意義而言，也算是幸運的一代。而且團塊世代當了父母之後，對孩子十分寬容，能夠接受孩子成為單身寄生族；正因為父母這麼對待自己，孩子也可能會用相同的模式對待下一代，如此一來便會在無意之中，影響了後代的獨立發展。

最重要的是，無論「正的贈與」或「負的贈與」，都不該留給下一代，讓他們學習自立。事實上，身為團塊世代，應該也沒有什麼豐厚家產能慷慨地留給後代。既然養兒無法防老，為人父母也只能自立自強了。

隨著歲月老朽的家

「房屋淨值轉換抵押貸款」之所以無法推展的另一個理由，則更令人害怕。泡沫經濟崩潰後，戰後日本的「土地神話」徹底瓦解——日本人始終對土地有著一種強烈的信念，認為不管發生什麼事，土地永遠都會增值。

過去在日本，就算沒有資金，只要有土地，重建老舊公寓便能提升行情，因此地方政府不斷推動各種都市建設，而且基於政治利益，建築物容積率也越來越高。但隨著地價崩盤、建案停頓，接著又經歷日本阪神．淡路大地震的重創，許多人注意到當時日本多數集合住宅的不堪一擊，也使得尋求籌措重建資金的共識，顯得困難重重。

團塊世代名下有房子的比例雖高，但大多屬於「區分所有」[註6]的集合住宅。日本稅法規定，大樓等鋼筋水泥建物的住宅耐久年數為四十七年，這是推算日本住宅屋齡所制定的。假設三十歲入住，住了四十年以上，不但居住者已垂垂老矣，建築物也會老朽。尤其是當初標榜租金便宜，以低成本大量興建的國民住宅，屋齡老舊問題更是嚴重。

六〇、七〇年代規劃的新興社區一夕之間成為老舊社區，年輕人口不斷流失，居民只剩高齡者。屋齡老舊必須翻修卻苦無資金，加上居民日漸稀少，更加速社區荒廢的速度。對很多人來說，這樣的問題已不算是事不關己的閒事，而是發生在你我身邊的現實狀況了。

約翰藍儂遺孀的生意頭腦

在日本，就算是獨門獨戶的宅邸，也不可能完全不重建便傳承下去。雖然近來出現「百年古宅」的說法，但也是那種屋齡超高的少數特例。基本上，日本的住宅都屬於住上幾十年也沒問題的耐久性消費財，建築結構和設備也符合這個標準。

歐美有所謂「舊屋翻新」（novation business）的行業，意即整修舊屋，在屋內配

註6：指數人區分一建築物而各有其專有部分，並就其共用部分按其應有部分擁有所有權。

置最新設備，讓房子可以持續住上好幾世代。世界最知名的日本女性——約翰藍儂的妻子小野洋子，眾所周知她不是個只依賴丈夫經濟能力過活的藝術家。她購入了位於紐約近郊的豪華舊宅邸，翻修後提高資產價值，賣給不動產業者，頓時讓原本就是富豪的約翰藍儂增加了數倍資產。懂得利用「資產增值」（意即提高未活用的固定資產價值，而衍生出利益）來賺錢，我想也只有日本舊貴族出身的小野洋子，才能擁有如此敏銳的生意頭腦吧。所以，也不是只有汗流浹背地辛苦工作，才能獲得收入。只是，日本的房子中，有多少是只需稍做翻修便能轉賣投資的耐用房屋呢？

恕我的說明有些冗長，我是指大部分日本住宅都不具抵押資格，這也是房屋淨值轉換抵押貸款難以順利推展的原因之一。尤其是日本集合住宅損壞得很快，如果沒有品質穩定的不動產，那麼最好能先做好心理準備，不要對房屋淨值轉換抵押貸款抱持太大的期望才好。

商業保險也是理財途徑

繼續來談談年金話題。

日本的國民年金分為基本年金和報酬比例等兩個部分，因人而異的部分在於報酬比例，但持續繳納國民年金的自營業者則不受影響。雖然日本政府企圖確保國民退休後的收入能維持在工作時的二分之一，但若上班時的月薪為七十或一百萬日圓上下，每月年金金額就需要三十五至五十萬日圓。只是，對於名下有房子的老夫婦而言，真的需要那麼大筆的花費嗎？

我認為，最好能依據個人的工作，調整退休後的年金領取額。不管退休前的生活如何，每個人的老後生活都能夠維持差不多的生活水準，才是最理想的狀況，而這也是社會福利政策專家大澤真理女士所提出來的「老後社會主義」理論[註7]。我自己也很贊同這種能縮小銀髮族晚年生活差距的概念。

若嫌國民年金不夠用，也可購買商業年金保險。**商業年金保險種類繁多，也是一種將儲蓄金轉換成金流的方式，不但具備保險功能，期滿時還能領取巨額年金。**也許會有一些不肖親屬會暗自期待老人家早日上西天，但年金型保險其實是一種被保險人在世時才享用得到的投資方式，所以也許還包括使被保險人期許自己長命百歲的效果吧。

註7：此說法取自於《現代日本の生活保障システム》，岩波書店二〇〇七年出版。

每月獨享一百萬日圓

身為職業婦女的洋子是單親媽媽，孩子還小時便離婚的她，邊工作邊扶養兩名子女長大。一路走來，洋子含莘茹苦地養育子女，年輕時擔心自己萬一發生什麼事，孩子們生活無著，便替自己投保了高額壽險。

現在已年過七十的她，孩子長大成人，認為不需要再留什麼保險金給已經長大獨立的兒女，於是毅然解約，想趁有生之年好好運用這筆錢。她前往金融機關詢問，為自己設定了一份年金型保險。

現在洋子每月可領一百萬日圓的保險年金，她開了一家專門蒐藏繪本的畫廊，聘雇一位工作人員，扣除固定支出及人事費用，足夠她四處旅行、交際、參加各種義工活動，生活過得多采多姿。

每月年金高達一百萬日圓的確令人羨慕。正因為有不想將錢留給孩子的念頭，才能讓自己過著優渥充實的晚年生活，只是據說她還沒有告知孩子。我想若孩子們知道了這個情況，也許會更孝順母親吧，因為只要母親活著，每月就有高達一百萬日圓的收入呢。

※LIFE 熟齡生活指南 銀髮族商業保險，請參閱別冊第36頁「商業保險強化生命保障」一文。

坐享其成的寄生蟲

年金是一個人在世時名下所產生的金錢。然而，世上就是有那種厚臉皮、靠著父母年金過活的中高年單身寄生族——當然年輕的單身寄生族若長久維持相同的生活模式，不久也會就此步入中年。社會學家春日紀壽代女士專門從事高齡者遭受家暴的研究，她曾提過一個案例：有個五十幾歲的失業男子，不但靠著老母親的年金過活，還對老母親拳打腳踢，狠心施虐。

「怪了！既然要靠母親的年金過活，就該善待老人家，希望她長命百歲，不是嗎？」我說。春日女士回答道：「是啊！但他對老母親施暴也是事實呀！」只見她眉頭深鎖。施暴者的行為根本不是常理所能判斷的。

儘管如此，當我得知日本某家地方金融機構承辦「年金權抵押貸款」時，也對業者腦筋動得如此之快，感到非常驚訝。這些業者讓領取國民年金的爺爺奶奶們，事先利用年金存簿向銀行申請小額貸款，等到每月的年金領取日時，再跟著老人家們到郵局將現金領走。這些壞傢伙真是到哪裡都滿腦子鬼主意。

我認為，真正的年金權抵押貸款，應該是讓這些年長者可以長命百歲，在有生之年

持續支付小額利息，才是對彼此都有好處的作法。

活得越久，領得越多

有一種參加者活得越久領得越多的年金制度，稱為「湯鼎氏養老金制基金」。這個名稱乍聽之下讓人摸不著頭緒，但其實這是義大利的羅倫佐・湯鼎（Lorenzo Tonti）所發想出來的年金制度，所以便依其名而命名為「湯鼎氏養老金制基金」。

這種制度是由一群年齡相仿（例如同為七十歲上下的年長者）的人共同出資成立一種類似「互助會」的組織，期間會進行分紅。假設有一百位七十幾歲的年長者，每個人出資一百萬日圓，便有一億日圓的資本。隨著每年陸續有會員往生，健在者所分到的利息便越多。也就是說「活得越久，領得越多」，留到最後的那個人便獨享全部尾款。

當初將此制度引進日本的金融業者打著「加入湯鼎，長命百歲！」的口號，距今已二十多年了，但後來這個制度為何始終無法順利推廣呢？那是因為不少日本人對這種制度還是十分存疑。例如這個制度的宗旨真的是期望他人比自己先走一步嗎？要是加入「湯鼎氏養老金制基金」，會有人真心希望人家長命百歲嗎？日本社會中，原來就有自己的傳統互助會制度，也許湯鼎先生的這種年金觀念可以在朋友間試試看吧。

長壽並非不幸，而是希望打造一個更幸福的生活。

充分享受自己賺的錢

我過去曾經提及，日本高齡者的儲蓄比例之高，堪稱全世界數一數二，因為絕大多數高齡者覺得光靠政府、國民年金是不夠的，自己非得額外存點錢為老年生活做打算不可。

不少銀髮族選擇委託金融保險業者，幫自己的金融資產做更多有效的投資與運用，然而近來日本的低利率堪稱世界之最，受零利率時代尚未結束之累，日本的國內投資幾乎毫無利潤可言。

因此，日本人的金融資產大量流往海外，隨著地球村時代的到來，跨國投資更是銳不可擋。結果導致外資反向逆流至日本，變相成為所謂的「禿鷹資金」[註8]。而日本高齡者的金融資產，往往被利用作為掏空日本經濟的先遣部隊。

其實，**高齡者還是不要依賴投資，安心地採取較為平穩的資產管理方式為佳。為**

註8：橫行股市的禿鷹集團於全世界尋覓投機套利機會，運用強大的資金及消息影響力，衝擊區域股市和匯市。

此，最好還是能有優渥的年金可領取，起碼能防止覬覦資產和保險金的親人們，一心祈求自己早日歸天。

在美國，從高齡者的年金給付制度化之後，越來越多人樂於與高齡親屬同住。說穿了，就是因為這些年長者還可領取豐厚的年金，而且這些錢一定領得到手，是高齡者不會被賴帳的「生活依靠」。

但對於沒有子嗣繼承遺產，生不帶來死不帶去的單身者而言，最佳方法就是將自己的儲蓄金變成活錢，起碼在世時能充分享受到。

第五章

照護規劃　確保人身尊嚴

「年紀越大，越覺得寂寞」這句話聽來雖然刺耳，
但人一旦步入暮年生活，
的確得面臨「誰來照顧自己」的問題。
雖說現實社會的照護系統日漸完善，
但接受照護仍需無比的勇氣與智慧。
此時仔細傾聽自己的聲音，
誠實面對自己的身體，
成為受照護者，
也會是一種令人期待的樂趣！

積極做好未來接受照護的心理準備

「接受照護是需要勇氣的。」

這是長期與病魔抗戰、最有資格對照護制度發言的柳澤桂子女士所說的話。人之所以害怕年老，是因為擔心沒有辦法靠自己的力量活下去，如同柳澤女士所言，接受照護需要「勇氣」。

單身者所要面臨的威脅之一，就是「年紀越大，越覺得寂寞」，但這聽來真是刺耳。而且就算成功克服這個問題，還是會面臨「誰來照顧自己」的威脅。加上媒體經常報導高齡者長期臥床、失智症、需要別人長期照顧等問題，對於沒有家人照顧的單身者而言，一想到有一天必須面對這件事，便讓人心生恐懼。

已為人母的女性面對這個問題顯然堅強許多，她們多半抱持著「現在我幫孩子換尿布，以後孩子幫我換尿布」的心態。夫妻之間又是什麼樣的情況呢？異性間的排泄物處理，除非是親密愛人否則很難做到。當然，從事護理工作者則另當別論。但即使是夫妻，若長期沒有親密行為，或是厭惡碰觸對方的身體，自然更排斥碰觸對方的下半身。

「我可沒辦法替你把屎把尿！」建議男人們最好有心理準備，可能會遭到妻子的拒絕。

超高齡社會中，不管已婚、未婚，無關性別，每個人都得面對單身晚年生活。就算有小孩，也可能面臨白髮人送黑髮人的遺憾，因此單身者的照護問題勢必得勞煩他人。

二〇〇〇年日本照護保險制度正式上路時，讓我有種「簡直是為我量身訂做」的感覺。不只是我，這也是為了每一位不久後可能面臨沒有家人依靠或是無法依靠家人的單身者所設計的照護保險制度。儘管目前的制度還有許多未盡完善之處，但在邁向「沒有家人可依靠的老年生活」的照護制度社會過程中，這一大步的躍進還是值得肯定的。

PPK主義就是法西斯主義

市面上有許多照護相關書籍，其中卻很少站在「受照護者」的觀點來論述。雖然有很多人談論高齡社會問題，但大部分論述者都以「局外人」的觀點來討論，至於對「是否會發生在自己身上」這個問題，則採取逃避的態度，甚至慣常使用的論述，也都是以「如何避免讓自己成為受照護者？」等事先預防的觀點來討論。

所謂ＰＰＫ（前一刻還活蹦亂跳，下一刻卻猝死）思想，便是其中的代表。這種思想將平時身體硬朗卻在某日猝死，視為最理想的死亡方式。發源於長野縣的ＰＰＫ運動

日後擴展至日本各地，就連老人會也教導會員們做所謂的「ＰＰＫ體操」。聽聞此事，不禁讓我背脊發涼，這跟法西斯主義有什麼兩樣

我回想起過去參加某縣的婦女會時，會中曾向會員倡導「避免生產殘障兒，生個健康好寶寶」的觀念，和戰時大力提倡「增產報國」的說法截然不同。排除可能造成社會負擔的不良品，這種「控管人類品質」的思想，不就是法西斯主義嗎？雖然長久以來，我始終極力反對所謂的ＰＰＫ思想，但奉行者依然大有人在。

理想的死亡方式

和ＰＰＫ思想相近的還有源自美國的「成功老化」（Successful Aging）觀念，日本高齡九十五歲的日野原重明先生便是這類「老當益壯」的代表人物。年過九十還能繼續站在醫療第一線的日野原先生，堪稱是「高齡者的成功典範」[註1]。

研究老年問題的學者秋山弘子女士，對於「成功老化」下了一個極佳的定義，她稱成功老化為「將死前的中年時期延長」，這種見解的確頗具說服力。換句話說，也許就是「不服老」、「逃避人類也有老化的一天」之意吧？

就像「勝犬」、「敗犬」的說法一樣，若抗老算是一種「成功」，那衰老就是一種

失敗嗎？一想到自己擺脫不了「勝老」、「敗老」這兩個字眼的緊箍咒，便覺得毛骨悚然。

這麼說來，死亡似乎也有所謂「正確的死亡方式」之說。只是我不禁納悶，生死也有所謂的「成功」與「正確」之分嗎？每個人的死亡方式應該只要本人覺得滿意就行了吧？所以，後來日本也出現了「心滿意足地死去」的說法，就好像商品一樣，難道死亡也有所謂的「滿意保證」（satisfaction guaranteed）？

小說家奧野修司在其著作《理想的死亡方式》[註2]中提到，這就是一種能同時讓死者本人、家人及醫療相關者，感到滿意的死亡方式。當然也有人不客氣地反駁，既然面臨死亡的人是自己，難道不能自己滿意就行了嗎？關於這點，我是認為人在步向死亡的過程中，還是免不了得讓家人及醫師感到「滿意」才行呢！

話雖如此，但仔細閱讀奧野先生的著作便會發現，所謂「理想的死亡方式」，其實就是一種理想的生存方式，而滿足這種方式的條件就是「居家照護」。這樣的概念則是源自於努力推行醫院社區化、服務於高知縣的疋田善平醫師的理想。身為日本醫療第一線人員的他，十分明瞭老人家「想回家」「覺得還是自己家最舒服」的心意。

註1：此說法取自於《九十五歲　私の証　あるがまま行く　成功加齢者ほ目指して》，朝日新聞二〇〇七年二月十七日出版。

註2：《理想的死亡方式》原書名為《滿足死》，講談社現代新書，二〇〇七年出版。

因為「尊嚴死」和「安樂死」等名詞出現，人們也連帶地對所謂「理想的死亡方式」產生了高度關注。本身即為ALS患者，必須靠人工呼吸器維持生命的橋本美紗緒，在著作《瑪丹娜的項鍊　橋本美紗緒，ALS患者的生存方式》註3中，一語道破「尊嚴死」其實是扼殺一個人活下去的權利。既然是以鼓勵高齡者活出健康為考量，就應以「理想的生存方式」為出發點，而這遠比「理想的死亡方式」來得更正面、更有意義。

突然猝死的可能性？

翻閱各種論述高齡化現象的相關書籍，與其說從中學習、理解到什麼，倒不如說讓人有種搔不到癢處的感覺，這也是我執筆撰寫此書的動機。就現實面來看，人們實在不該打著PPK思想之類的如意算盤，而要認真面對人的生死「難以預料」的嚴肅事實。

我在照顧雙親的過程中，深刻體會到諸如人類這種大型動物，是如何步向死亡的過程。小鳥和倉鼠之類的小型動物，大多都是主人一早醒來，便發現牠們變成一具冰冷的屍體。但像人類這種大型動物，通常一開始會出現無法站立活動，失眠、食欲不振和吞嚥困難等症狀，最後再因呼吸困難而死亡。我想絕大部分的人都必須經過這種死亡過程，因此長期臥床便成了無可避免的問題。

據資料顯示，高齡者生前的長期臥床時間，平均為八・五個月。當然這只是個「平均值」，如果有奉行PPK主義在一夕之間猝死的人，就有長期臥床達十數年之久的人。這就是日本目前的醫療、衛生、營養和照護水準的「平均值」。

即使長期臥床也能長壽，是因為接受了無微不至的照護。若是在衛生和醫療水準極差的社會，肯定馬上一命嗚呼。**不管是生病、還是長期臥床，之所以能以這種狀態繼續活下去，正是拜科技文明之賜，長壽社會的高齡者便是高科技文明下的受惠者。**既然身處實施照護制度的社會，為何不更積極正面地看待生命呢？

面對死亡的勇氣與智慧

「老人家都是因為無微不至的照護才能活得長久，要是我也陷入長期臥床的狀況，千萬別理我，反正馬上就會死。」鶴見和子女士照顧因腦中風而半身不遂的父親鶴見祐輔先生長達十四年，這是她常掛在嘴邊的一句話。後來她本人也因腦中風導致半身不

註3：《瑪丹娜的項鍊　橋本美紗緒，ALS患者的生存方式》原書名為《マドンナ首飾り　橋本みさお　ALSトイワ生き方》，山崎摩耶著，中央法規二〇〇六年出版。

遂，過了十年行動不便的生活，住進京都某間私人照護中心，接受專業人員與家人無微不至的照顧。

鶴見女士於二〇〇六年過世，剛好是日本有關單位重新檢討照護制度，廢除高齡者可無限期享受復健補助等相關法規，制度越改越離譜的一年。同樣深為腦中風所苦的免疫學專家多田富雄先生曾沉痛地公開譴責，鶴見和子女士就是被「新訂立的照護保險制度」害死的。

鶴見女士因腦中風過了十年行動不便的生活，然而正是因為這十年，讓世人從鶴見女士身上瞭解生命的可貴，她本人應該也有同感。鶴見和子對日本照護制度的貢獻，就像是一個跨越世紀的轉捩點，她病倒前和病倒後的人生造就了日本在照護領域上的劃時代改變。晚年因病所苦的她，所引發的大眾討論也獲得極大迴響，經由「身體有疾」的鶴見女士口中說出的話語別具深意。雖然晚年受盡病痛折磨，但她還做了一首短歌：

> 哀嘆己身貧乏的感受性，尚未被病魔打倒的我的身、我的心啊！
>
> （《歌集　回生》藤原書店，二〇〇一年）

身為學者的使命，就是要將自己的長才致力於某個專業領域上。病倒後的鶴見女士，更是將自己一生培養的專業、歌唱、舞蹈、和服等各方專才，發揮得淋漓盡致，創造了所謂的「鶴見和子奇蹟」。這樣的她不但備受社會學領域的專家敬重，更贏得無數讀者的喜愛與尊敬。經歷了病痛、接受照護、重拾對生命的熱愛，鶴見女士在這個過程中的努力絕對不是白費的。

同樣的狀況也發生在多田富雄先生身上。他因為腦中風導致語言能力喪失和吞嚥困難等後遺症，病情比鶴見女士還嚴重。但就算無法言語，他還是能靠電腦打字與人溝通。許多原本只曉得多田先生是免疫學專家的人，看到他以受照護者身分，勇於對復健治療制度提出意見，無不深受感動。受到體貼照護服務的他，也深深覺得身為受照護者的自己，背負著人生的新使命。

日本的照護保險制度推行六年後，終於「改版」登場，只是新的照護預防事業仍然存在著ＰＰＫ思想。日本照護預防中心竟然鼓吹活絡筋骨等健身運動，這項措施從一開始便備受各界抨擊，可想而知結果肯定不盡理想。歸根究柢，新制度的中心思想標榜不需要照護就是能夠「自立」，只要能不利用照護保險資源就盡量不利用，既然連政府都有此不切實際的想法，就不能怪「受照護者的心態」不會有所成長了。

接受照護也是有祕訣的，也就是柳澤女士說的「勇氣」。而且不僅有勇氣、還要有智慧，才能受到更完善的照護，這是我們必須認真面對的一大課題。

女人要設法擺脫服侍他人的觀念

市面上有許多教人如何「招待」顧客的相關書籍，卻沒有任何一本書教人如何「接受招待」，令我深感納悶。

同樣地，我也始終想不透，為何市面上有那麼多談論「照護方法」的書籍，卻沒有一本書教大家如何當個「受照護者」。

畢竟照護保險制度甫推出時，用錢構築出來的各種照護服務，無論對誰而言，都是陌生的初次經驗，照護者或受照護者兩方都是新手上路。然而隨著照護服務品質提升，受照護者的心態是否也會隨之成長？

我認為今後將受照護的高齡者，應負起累積這方面經驗與智慧的使命，但我們目前卻很少聽到受照護者的聲音。相信日本的受照護者中，一定不乏口才便給、文采不凡的人士，那麼為何不見這些人公開談論自己身為「受照護者的經驗」？為何不指摘現今照護制度還有哪些需要改善的地方？

因此，我一心期待著自己也能早日享受照護服務資源（肯定會是個很囉唆的受照護

者），只是我不會傻傻枯等，我會積極地向正在接受照護服務的前輩們，請教各種相關問題。

受他人照顧讓女人有罪惡感

那麼，為何很少聽到「受照護者」的心聲？有幾個說法可以釋疑。

首先，當事人不願接受自己成為受照護者的事實。不只制度與法律層面是這樣的思維模式，就連受照護者本身也抱持著「可以的話，不想接受照護」的排斥感，針對受照護者的負面情感，大多數人則採取否認，也就是抱著完全沒這回事或忽略的態度。

女性的排斥感尤其強烈，因為無法接受自己從照顧一家大小的角色，成為需要別人照顧的一方，這種自責的痛苦，比被人嚴厲斥責還要難受。

柳澤桂子女士也是因為罹病，必須依賴家人照顧，曾寫過一首短詩：

母親嚴格教導我成為一個賢妻良母，
以夫為重，避免搶了丈夫的鋒頭，
不能讓丈夫幫忙做家事，

甚至不允許自己生病，
自從嫁為人婦，我始終謹守母親的教誨，
卻也始終擺脫不了這道枷鎖。
看到丈夫做家事的身影，
我竟有種如坐針氈的心情。

許多婦女就連發高燒，也還是拚命將家事往身上攬，並不是因為體諒丈夫工作打拚的辛苦，也不是因為丈夫不會做家事，而是無法忍受自己失責的罪惡感。也有些女性就算只是坐著等丈夫幫忙端一杯茶，也覺得愧疚。

讓女人困在「女人」這個角色上的，不是丈夫，也不是小孩，而是自己。許多為人妻母者之所以覺得晚餐非要準備三道以上的菜色，多半不是害怕丈夫飽以老拳，而是出於內心的自責感。也許，多數男人便是對妻子固執奉行「為人妻母之道」感到無可奈何，才打算一切依妻子的意見，奉陪到底。

話雖如此，讀了岩村暢子的著作《蛻變中的家庭　蛻變中的餐桌》[註4]，更讓人有這類傳統女性也許已成為「稀有動物」的感慨。畢竟年輕世代的新女性，已經很少有人每天早起準備早餐，或是堅持每道菜都得親手料理。

女人天生想太多

我曾聽某位醫界人士談及女性銀髮族住院時間較長的原因：就算主治醫師告知病人可以立即出院了，這些女性銀髮族仍會拚了命地拜託醫生，讓自己再住院一陣子。因為平常家事都是由女性一肩挑起，一旦在家裡無用武之地，只能被動地接受照顧，會讓女性不知如何自處，更別提居家療養，因為家裡根本沒有人手負起看護之責。

對於障礙學有深入研究的社會學家立岩真也先生，曾在其著作《動彈不得的身體與活機器ALS患者》註5提到ALS患者的「自我意志問題」。我也曾在第三章提及，ALS是種全身肌肉無法動彈，目前尚無法治癒的疾病，病情會漸漸惡化到呼吸困難，最後只能決定是否要裝上人工呼吸器維持生命。若是選擇「維持生命」，一旦進行氣切便無法言語，而且二十四小時都裝著人工呼吸器，便需要隨時有人在旁照料。立岩先生所做的研究報告指出，關於這種「自我意志問題」，其實男女反應大不同，決定裝上呼吸器的患者，以男性占壓倒性多數。

註4：《蛻變中的家庭　蛻變中的餐桌》原書名為《変わる家族　変わる食卓》，勁草書房二〇〇三年出版。

立岩先生認為，特意要求患者自行決定是否要裝上人工呼吸器以維持生命的作法，其實頗令人匪夷所思。就像我們不會要求有近視或遠視的人，一定要戴眼鏡的道理是一樣的。其實病患被迫選擇是否要裝上呼吸器時，也就等於被迫決定是否要接受二十四小時照護。對男人而言是理所當然的選項，但對女人來說，可就不一定。這也是必須裝上呼吸器才能維持生命的ALS男女患者，所表現的態度天差地別的原因所在。沒想到「為他人著想」的個性，居然會和生命有所關連。

※LIFE 熟齡生活指南　銀髮族照護醫療，請參閱別冊第41頁「重視醫療保健，樂齡生活更美好」一文。

男人到死都愛面子

社會學家副田義也先生曾提出一個觀點，他認為其實不只是女人，男人對於成為「受照護者」一事也有相當的排斥感，因為他們從小就被灌輸男子漢不能凡事依賴別人，必須自立的觀念。

在所有的「否定感」中，最棘手的便是「自我否定感」，越固執於自我價值的男性，越無法接受自己成為「受照護者」的事實。一開始聽到這種論點時，我有種恍然大悟之感，但後來想想，就我的經驗來看，事實並非如此。

日本男人習慣被妻子伺候得服服貼貼，習慣當個受人照顧的被動角色，即使是出了社會的成年男性，心理依然保持幼兒狀態，一點也不覺得被照護有什麼好內疚的。男人之所以會覺得難堪，是因為怕損及自己在家中的地位，這點和社會地位有著相當關連。而且，這種關連和擔心自己是否還能在職場打拚，害怕退休後人生就此結束的心態無關。我曾聽社會學家春日紀壽代女士提過一個例子，有位半身不遂、長期臥床的老先生，居然揮棒毆打負責照顧他的歐巴桑，而且老先生打人時，還大聲嚷著：「也不想想妳是靠誰的年金混飯吃啊！」唉呀！男人啊，真是到死都愛面子呢！

接受照護，就該低聲下氣？

另一個受照護者會產生的問題在於：不習慣接受他人照顧的女性，無論接受什麼樣的照護，都會心存感激或覺得歉疚。

這些女性朋友總是抱著過分客氣的心態：

「上野女士，這樣可以嗎？」

註5：《動彈不得的身體與活機器 ALS患者》原書名為《不動の身体と息する機械 ALS》，醫學書院二〇〇四年出版。

「嗯，這樣就行了，真是太謝謝你了。」

「那這樣可以嗎？」

「嗯，可以、可以，老是麻煩你，真是不好意思呀！」

其實這麼做，並無法讓對方感受到自己真正的心意。

曾經身為受照護者的柳澤桂子女士說：「盡量配合照護人員的步調就對了。」因為柳澤女士發現照護人員很想配合她的步調，卻怎麼都無法配合，後來她發現其實只要自己主動配合對方，一切就會變得順利多了。

因為腦性麻痺導致全身性障礙的舞蹈家金滿里女士，也是資深受照護者。她曾經歷過因照護人員的技巧不夠純熟，而弄得渾身是傷的恐怖經驗，相信不少受照護者也曾遇到類似的問題。其實這是因為受照護者抱著「我接受你的照護」的心態，就和入住高齡者設施的年長者為訪客拍手，抱著「我接受你的慰問」的心態一樣。如此一來，便無法期待照護品質有所提升。

單身者接受專業照護服務時，本身也要有一定的原則及認知。若要說起單身者接受別人貼心服務的機會，也許上美容沙龍或接受按摩服務都算是，只是不去美容沙龍沒什麼關係，但不接受照護，可就會危及生命。正因為是將自己的生命和身體交給別人，當然要對照護一事有所認知才行。

況且受照護者在身體上本來就是弱勢的一方，也許付錢能讓自己在經濟立場上強勢一點，但就如我一再提及的，金錢與服務品質並不一定成正比，因此為了讓自己能接受更好的照護服務，也需要一定的作法與技巧。

付錢的就是大爺嗎？

雖說只要付了錢，誰都有消費權利，但從各種研究報告可知，所謂的「顧客滿意度」，並不適用於照護服務。

第一個理由是，初次接受照護的人，很難判斷什麼樣的照護方式最適合自己。

第二個理由是，沒有什麼可以比較的選項。就算不曉得什麼照護方式最適合自己，若有兩個以上的選項可供比較，就可以知道哪一個較適合自己。但在目前日本的照護保險制度下，大部分地方提供照護服務的機構有限，沒有選擇時，受照護者也不敢有所抱怨，一想到自己有可能被這些照護人員或機構棄之不顧，恐怕沒有地方會收留自己，也就不敢大肆聲張權益。

第三個理由是，就算心裡不高興，也無法坦然表現出來。特別是要對照顧自己的人傳達負面情緒是很困難的。尤其是女性，因為不想惹得對方不愉快，只好壓抑自己，閉口不說。只是，我想任何事情總有第一次。心裡不好受卻隱忍不說，久而久之就更說不出口了。

性騷擾就是其中尤為甚者。相信大家都知道，上位者濫用權力，抓住對方什麼都隱忍不說的弱點，就是所謂的性騷擾。「反正她又沒拒絕！」這種藉口是說不通的。性騷擾的加害者多是個性謹慎之人，其中有許多男性加害者不會對敢當面拒絕的人伸出鹹豬手，而是專找不敢說「NO」的人下手，事後再狡辯一切都是兩廂情願。只是，就算被侵害者沒有明確開口拒絕，難道完全沒有察覺對方極力抗拒的態度嗎？我真想告訴這些人，你們這種白目的行為實在不可原諒！

當個聰明的消費者

女權主義文學評論家，也是梅・沙頓的好友——凱洛琳・海柏倫（Carolyn G. Heilbrun）在《女人自傳》（Writing a Woman's Life）中提到：

「對女人而言，憤怒是種最被壓抑的情感。」

一直壓抑的話，難道不會有爆發的一天嗎？就心理學觀點而言，這種情形並不多，因為壓抑久了就會成了一種習慣。其實，表達情感也有「Know How」，一直沒有表達出來的情感，久而久之就會忘了該如何表達。

只要付錢，誰都是大爺。服務也是一種很好的商品，為了提升品質，必須傾聽顧客的要求。不過有人說：「手藝精湛的廚師，往往會寵壞饕客的舌頭。」據說也是位美食主義者的作家谷崎潤一郎，只要吃到難吃的料理，就會立刻不發一語地離開，再也不會踏進那間店一步。雖然廚師最怕遇到這種客人，但這也是消費者握有選擇權的一種表現，否則服務品質永遠無法提升。同樣地，如何提升照護服務的品質也是一樣的道理。

唯有聰明的消費者才能創造優良的商品，這種真理也適用於照護服務。

受照護者一定要擁有的十大素養

我之所以研究照護相關問題，是希望自己能成為「聰明的消費者」，否則就無法得到令人滿意的服務品質。

以下是依據我研究成果所整理出來，如何能享受良好照護服務的方法，換句話說，就是受照護者應具備的十大素養。

誠實且敏感地面對自己的身體和心理

不瞭解自己，就無法表達自己的感受，更何況是初次接受照護者，多數人才剛開始提心吊膽地面對身體出現障礙、麻痺、疼痛等感覺。因為腦中風等病症所引發的後遺症而必須接受照護的人其實不在少數，但仔細想想，會突然腦中風，也許就是因為平常沒有好好傾聽「身體的聲音」。許多人在事後才會想起：「對了，那時的確有點不太對勁」然後才對自己不當一回事的態度懊悔不已。近來不少男性「過勞死」，也許就是因為沒有好好傾聽自己身體的聲音吧。

瞭解自我，就是受照護者首先應具備的素養。

補強失去的能力，活用剩餘的能力

初次接受照護的人，往往無法接受自己需要照護的事實，很難理解明明昨天自己還做得到的事，今天卻變得困難重重，以致於凡事逞強，讓自己陷入煩惱的泥沼中，進而與照護人員的關係日趨惡化。其實做不到就坦然面對吧！

不過這種事也是需要「勇氣」的，尤其對長久以來都以「獨立」、「能幹」自居的人而言，更是艱困的任務。也許這個時候，能說出：「千鶴子，做不來嘛！」的自己會比較自在（？）吧。相反地，也有人一直以來總是「明明做得到，卻假裝做不到」。

「補強失去的能力，活用剩餘的能力」是身為受照護者最重要的原則。若一直假裝自己做不到，恐怕連僅剩的能力都會失去，到頭來傷腦筋的還是自己。

無須刻意忍耐、過分客氣

不習慣依賴別人的人，會覺得忍耐與客氣是種美德。忍耐力很強的人，忍痛功力也是一流的，卻可能因此輕忽疾病的徵兆，結果到了病入膏肓才到醫院接受治療，最後落得被責備「之前為什麼要一直忍耐？」因此早期發現、早期治療，**不管對自己或周遭人而言，都是減少成本的最佳方法**。不管是身體和心理，一味的忍耐其實一點好處也沒有。不過處於和平時代才能這麼說，要是處於戰爭時代，可就無法如此了。就算再怎麼痛苦，也只能拚命忍耐直到嚥下最後一口氣。

另一個要點，就是別過分客氣。對於專業照護人員而言，沒有任何狀況會比無謂的客氣和羞恥心更麻煩。既然生了病，就免不了會碰到在醫師面前寬衣解帶，或是麻煩照護人員清洗下體等情況。

所以，**要是患者扭捏、不肯配合，照護便會無法順利進行。其實，只要想清楚對方既然是專業照護人員，就不要有太多顧慮，直接接受照護即可。**不過，要是在一室多床的照護設施裡，有些照護人員連簾子都沒拉上，這種大剌剌地幫病患處理排泄物，不顧個人隱私的行徑就另當別論了。

客氣與羞恥心是人與人之間互動的情緒。有些病患不願在家人面前暴露私密處，但面對外人卻沒關係；有些人則是願意接受女兒的照護，卻打死也不願接受兒子、媳婦的好意。而只能依賴別人，沒有其他選擇的單身者，當然就只能託付專業的照護人員。若是享受過美容沙龍服務或韓國浴的單身者，自然比較不會排斥在別人面前坦胸露背吧。

話雖如此，其實我很排斥身體按摩或韓國浴之類的服務，一想到身體任別人揉捏就覺得渾身不對勁，也許克服這種心理障礙，是我必須面對的一大課題。

確實傳達自己的感受

覺得痛苦或舒服，都是自己的事，正因為身體是自己的，所以無論哪裡痛哪裡癢，「要是不說出來，其他人是無法瞭解的」。

痛苦與舒服的感覺，可說相差了十萬八千里。這道理和性愛一樣，如果像照著說明書指示般進行照護工作，然後問受照護者：「是不是覺得很舒服？」也會讓受照護者感到無所適從吧。雖然**瞭解自己的身體很重要，但將自己的感受確實傳達給對方，也很重要，因為照護服務不是能獨自完成的行為。**

要是無法確實傳達自己的感受，對方的照護技巧也就無法提升。就算是夫妻、家**人之間，也不能存有「就算不說，他應該也知道」的心態。**夫婦本來就是來自兩個不同家庭的人，若將家族視為不同文化之間的結合，便不難理解「不說出來，對方永遠不會瞭解」的道理，所以「有話直說」才能良性溝通。

問題是「就算說出來，對方也不肯聽」、「就算說了，對方也不會瞭解」，會有這種困擾，就在於溝通上出了問題。這個時候，不要客氣，直接換對象吧！不只是夫婦之間如此，即使是對孩子，也得清楚說明自己的需求。而且，**若想和對方建立良好關係，重要的不只是討厭的感覺，就連喜歡的感覺也要確實傳達給對方知道。若總是傳遞負面訊息，彼此的關係只會變得越來越糟。**

用對方能接受的方式表達

其實，將厭惡的情緒傳達給對方知道，是需要技巧的。「只要我保持沉默，事情就不會鬧大」，很多女性會選擇將苦水往肚裡吞，然而對於自己厭惡的事，還是可以用對方能接受的說法表達出來。

針對這一點，則發展出所謂的「自我肯定訓練」（Assertiveness training）及「社交技巧訓練」（Social Skill Training, SST）。日本專門收容精神疾病患者的「Bethel's house」，便積極引進SST，因為這套訓練系統能模擬各種社交情況，所以在某種程度上也能預估對方的反應[註6]。這麼一來，患者便能在完善的環境中安心學習、建立自信。一般人在人生的道路上都是一路跌跌撞撞，才練就與人交際的本領，但若在專業生活指導員或治療人員帶領下，就能在更安全的環境中學習。

我的個性本來就不擅交際，常常不是搞得場面很僵，就是讓對方覺得尷尬或惱羞成怒，總是在痛苦的經驗中學習適當的人際手腕。然而，像是慢慢切中對方要害，斷絕日後一切麻煩，或是在對方尚未發覺時就痛擊對方等「吵架達人必殺技」，在受照護時可是完全派不上用場的。

溝通的目的在於促進彼此關係的和諧，讓別人能欣然接受自己的想法。若沒有辦法達成這種目的，只是一味抱怨、批評對方，最後倒楣的還是自己。只是，正因為明白這一點，所以不敢多所埋怨，便成了受照護者的一項弱點。

大多數情況下，**一個人的缺點和極限在還沒有遭受批評之前，其實自己心裡應該也**

多少感覺得到；而且就算對方批評得有理，自己也經常會因對方說話的方式而充耳不聞。因此，就算關係親密如家人，也要「注意說話的口氣」。

不吝表達喜悅，不忘讚美他人

有很多丈夫吃著妻子做的料理時，覺得好吃時一句好話也懶得說，一旦不合口味卻滿口怨言。這也不是說夫妻間相處只要讚美不要批評，而是要誠實地評論，這樣對方的料理技術也可以更上一層樓。其實讚美別人並不會讓自己少一塊肉，縱然不需要一味迎合別人，但也不要吝於讚美。

其實每個人在別人眼中，都會有一、兩個優點。我的朋友之所以喜歡邀請我到家中做客，是因為我總是一臉滿足愉快地用餐，而且不吝讚美朋友的手藝。我過去住在紐約時，常受邀到一位名為直美的友人家做客，她就曾對我說過：「妳回日本後，吃飯時再也聽不到有人說『好好吃喔！』，感覺還真寂寞呢！」嘴巴甜一點，如果別人請吃飯，自己也能安心享用。我覺得，這都是我這張甜嘴帶來的好處呢！

日本人拙於表達情感。某位文化人類學家曾說：「身處狹隘的社會中，一定要培

註6：此說法取自於《べてるの家の「非」援助論》，浦河べてるの家著，醫學書院二〇〇二年出版。

養不會招致他人嫉妒與羨慕的智慧。」真是一點也沒錯。然而，這種國民性格與文化本質，在近幾年日本體壇的年輕選手身上已不復見，他們總是率直、真實地表現出內心的喜悅，不是「為了國家」，而是「為了自己」所贏得的勝利真心地感到高興。

喜怒哀樂是一種社會性情感，不但有表現的祕訣，也會有忘記表現的時候。雖然有所謂的讚美、感謝之詞，但其實表現這種感謝的情感時，並不一定需要言語。就連失智症惡化而無法說「謝謝」的年長者，也會表現出歡喜和哀傷的情感。失智症專科醫生小澤勳先生表示，失智症也許是一種認知障礙，卻不是情感障礙[註7]。就算無法聽到他們感謝的話語，也感受得到他們的喜悅。對照護人員而言，這些「無聲的表達」是比什麼都棒的回報。在日本以《照護入門》[註8]一書榮獲芥川賞的作家MOBU‧NORIO曾在作品中寫道：「不管親戚如何批評我，看到臥病在床的奶奶對我露出燦爛笑容，就是我最好的禮物。」

委婉而誠實地表達自己的意見

人與人之間一旦變得熟稔，說話的口氣也會跟著改變。在日本，甚至會為了跟陌生人拉近關係，而將原本對家人使用的言詞套用到與外人的溝通上。像是叔叔、阿姨、大姊、大哥……等稱謂，也就是從說者的角度來看，對方就相當於自己的「叔叔」或「姊姊」。所以被別人叫「奶奶」時，你其實可以大方回道：「我有很多叫我『奶奶』的孫子，但我不是你的『奶奶』喔！」也有些年長者，即使面對自己的孫子，也不希望他們叫自己「奶奶」。

在照護設施裡最常發生的問題就是，工作人員對入住的銀髮族「奶奶」、「爺爺」地叫，或是用對待小孩的口吻和他們說話。但老人家畢竟不是小孩子，他們可是嚐過人生酸甜苦辣的老前輩，當然也希望得到別人的尊重，希望別人用「某某先生」、「某某女士」來稱呼自己。而且即使對方沒有這麼做，也可以直接要求對方這麼稱呼自己。正規一點的照護機構，員工都會接受這方面的訓練，如果要求始終沒有得到回應，那麼或許也可以就此判斷這家照護機構的經營者或設施有問題。

雖然不必像美容沙龍裡的工作人員般畢恭畢敬，但遣詞用句保持一定的尊重，對彼此都有好處。**有禮的應對也是表現彼此相處距離的方式，只要一直持續這樣的狀態，就能傳達出「我想跟你保持些許距離」的訊息，這在社會學上稱為「保持距離的禮貌」。**像是在擁擠不堪的電車上不小心碰觸到他人身體時，趕快移開視線，或是明明看到卻假

註7：此說法取自於《痴呆を生きるということ》，岩波新書二〇〇三年出版。
註8：《照護入門》原書名為《介護入門》，文藝春秋二〇〇四年出版。

裝沒看到等，都是一種「保持距離的禮貌」。

受照護者與照護人員之間必須維持這種「保持距離的禮貌」，是因為照護是一種「接觸對方身體的同時，也很可能使對方受傷」的關係，所以最好能一方面保持零距離關係，一方面保持些許距離，才能從中取得平衡。

接受照護最忌公私不分

一旦熟稔就會產生依賴心，除了因工作而建立的關係外，也會想更深入瞭解對方。因為某個機會，讓我訪談到一位在神奈川縣某所日間照護中心幫忙的女義工。據她表示，有些接受日間照護的年長者會邀請照護人員到家中做客，或是生病住院時希望照護人員到醫院探病，但他們總是一律予以婉拒。也許這麼做有點無情，只是一旦答應了，他們也知道這份義工服務便難以長久持續下去。

照護設施中，也有照護人員積極想扮演受照護者的「家人」或「朋友」角色，而這種「公私不分」的照護形式，甚至還打著「家庭式照護」、「親切照護」的旗幟，博得外界讚揚。但若是照護人員利用下班時間或假日，帶著老人家外出旅行或登門造訪，便成了一種利用照護者善意的「額外服務」。

其實照護服務並沒有做到什麼程度才行的限制，也就是一種「無限制性」的服務。這種應該由家人背負照護責任的「無限制性」，再加上時間與內容的限制，就是屬於「工作」性質的照護。照護人員與受照護者必須明確區別。

只是，要求受照護者有所節制並不容易，畢竟老人家的社交範圍有限。常聽有些年長者說：「希望能和照護人員多聊聊。」也常聽照護人員表示：「我也很想和老人家多聊聊，但實在抽不出時間。」面對這種情況，照護人員也覺得很無奈。正因為老人家沒有什麼可以傾訴的對象，才會對照護人員提出聊天的要求。

照護歸照護，朋友歸朋友，家人歸家人。難道這些老人家就不能如此區別嗎？用不著以跟朋友說話的口氣對待照護人員，也不需要將對家人的要求套用在照護人員身上。**朋友代替不了家人，家人也無法代替朋友，若能抱持著這種觀念，即使照護人員不像自己的家人或朋友，也不會有太大影響了。**

但這種說法，只適用於備受家人和朋友關愛的年長者，因為他們就算行動不便，也有很多聊天的對象與門路，幾乎不用擔心他們對照護人員會有「太超過」的要求。

照護服務沒有小費與送禮文化

利用照護服務業時，除了支付的費用外，是否還要額外給小費或送禮，的確是個讓人傷腦筋的問題。畢竟事關生命和健康，忽視不得。

手術前，患者和家屬總會傷腦筋該包多少紅包給醫師，而且不試試看，也不曉得對方會不會收。但在醫界，這就是沒有報稅的不法所得，就像給政治家的不當獻金般，是沒有開立收據的檯面下行為。雖然醫院要求醫師們「拒絕收受病患饋贈」，醫師們也說明「不會因為拿了錢就有差別待遇」，但相對處於弱勢的患者，卻無法不疑神疑鬼。

出國旅行最令人傷腦筋的事，也是給予服務人員的小費。由於日本沒有給小費的習慣，所以日本人出遊常會為了不曉得該給多少小費而傷腦筋，用餐時始終煩惱著，會不會給太多？還是給太少？小費的多寡會不會影響服務品質？所以，看到「含服務費」的字眼就會鬆了一口氣。

更何況，照護是一種直接接觸身體的服務業，若要別人對自己好一點，就得包個紅包、送個禮，討對方歡心才行，而照護人員肯定明白老人家的這種想法。所以，有些照護人員仲介公司會明文規定照護人員「不得額外收受小費和禮品」，我認為這非常合理。問題是，要約束受照護者送禮的心情並不容易，而且面對這些年長者的照護人員，也常會左右為難地表示：「很難完全照規定來……」

「以言語和態度來表達感謝之意」「除了支付一定的費用，不要再額外送禮」——受照護者也應該確實遵守這些原則。其實對第一線的照護人員來說，受照護者的笑容和感謝遠比金錢、禮物更令人欣慰，因為他們明白這些用錢也買不到。

保持幽默與感恩的心

也許大多數照護服務手冊，都會在一開頭就印上一排「勿忘感謝心」的字眼，但我則將這項素養列在最後。因為實踐了前面的九條守則，最後才能心存「感謝」，否則一開始便心存感謝，照護品質就永遠無法提升。

受照護者的心情其實並不好受。高齡受照護者也就是所謂的「中途障礙者」，因為還記得過去無須接受照護的日子，所以一被別人安慰，就覺得自己的處境悲慘又淒涼而難過不已，除了幫忙料理日常生活和身體照護之外，照護人員還必須注意老人家情緒低落的問題。而對照護人員來說，受照護者的身體畢竟是別人的身體，很難完全感同身受，這沉重的負擔可以說超乎想像。

「喔，原來麻痺的腳這麼重啊！」「這就是我的手呀！」——**同樣地，受照護者也可以撇開自己受照護的身分，以第三者的角度來客觀觀察。所謂的幽默，就是從跳脫現實、不一樣的角度和詼諧的心態所產生的。這麼一來，照護人員與受照護者之間的關係將更加和諧，自然會對支持自己的人懷著感謝之心。**

這十項應具備的受照護者素養，是建立一切溝通的基本工夫。我認為所謂的照護關係，是照護人員與受照護者的互動行為，也是一種溝通行為，也跟其他溝通行為一樣重要，應同列為人際關係基本素養。另外，因為溝通無法單方面進行，所以既然有「照護人員的應對技巧」，受照護者當然也有。

如果我說這本書是為了有一天可能成為受照護者的自己所寫，應該會更有說服力吧！這十大素養也是我自己訂立出來的。藉由接觸各式各樣的人，傾聽他們的經驗談，我才能漸漸整理出這十項法則。

哪天我真的成了受照護者，也許還能替這十大素養修訂細目也說不定。到時會增加哪個項目？刪除哪個項目？實在讓我非常期待呢！一想到這裡，成為受照護者也成為令人期待的樂趣了！

※**LIFE熟齡生活指南**　臨終照護，請參閱別冊第45頁「臨終照護不留遺憾」一文。

第六章

及早準備 迎向美好謝幕

一個人離開這個世界後，
還能留下什麼？
自己又想以什麼方法離開人世？
死亡，面對這個每個人必定要面臨的人生課題，
是否可以抱持著如同前往某個遙遠國度旅行的心情，
愉快準備，坦然前行呢？

自己的財產自己享受

請試著思考自己往生後的處理方式與身後的種種安排，首先是遺產問題。我想工作了好幾十年，又是單身一族，雖然稱不上多麼富有，起碼也會留下一筆遺產才是。

遺產並非樣樣都好

首先要思考的是名下的不動產。若去世前未曾使用房屋淨值轉換抵押貸款，將不動產價值完全轉換成可供運用的現金，那麼至少自己的居所會在身後遺留下來。也許有人會在附設照護服務的高齡住宅購買終身使用權，若因此而花光積蓄倒也是種爽快的作法，但我想應該還是會留下一些存款、保險和股票等資產吧。

若生前沒有留下任何遺囑，依日本法律規定，遺產便會移轉給法定繼承人。有孩子的話，便由孩子繼承；沒有孩子的話，若雙親健在便歸雙親所有，只是高齡單身者的雙親健在可能性並不高，所以如果有兄弟姊妹，遺產便歸兄弟姊妹所有。若手足亡故，則由姪甥輩繼承。

隨著年歲漸高，在世的親人也日漸減少，因此隨著親等順序，遠親也有可能獲得繼承權。英國有一本小說，即是描述有錢老婦人往生後，龐大遺產由遠房年輕甥兒繼承的故事，想到這裡便不禁令我心生羨慕，要是自己年輕時也有這種機運該多好啊！

近來社會漸趨少子化，親族人數也隨之減少。我在看了吉田太一先生所寫的《遺物整理商的二三事》[註1]一書後發現，原來也有那種從來沒和往生者打過照面的兒女或遠房甥姪兒，委託遺物整理商代為整理遺物。孤單離開人世的人本來就不太和別人打交道，所以免不了會有這種情況發生；只是，即使忽然被告知自己成了遺產繼承人，也沒有人想對一間又舊又髒亂的舊房子負什麼管理責任。所以，有些繼承者會告知吉田先生：「我沒空去現場，一切就拜託你們了。」也就不足為奇了。

我就是世人所謂的「敗犬」單身者，雙親也已不在人世，若往生後沒有留下什麼遺囑，我的遺產（目前所住的房子和一些積蓄）便會由兄弟姊妹或甥姪繼承，但兄弟姊妹早已各自成家，實在沒理由留給他們。倒也不是彼此感情不睦，只是**比起一年見不到幾次面的兄弟姊妹，我有交情深厚、更值得珍惜的好友。如果可以，比起有血緣關係的親人，我更想將遺產留給在人生路上互相扶持的好友。**

註1：《遺物整理商的二三事》原書名為《遺品整理屋は見た！》，扶桑社，二〇〇六年出版。

有此想法的人，或許不只我一個吧。除了單身者，沒有孩子的同志伴侶，或就算有孩子，但是覺得彼此間沒什麼感情，或對他們已仁至義盡的人，應該也會有這個想法。

遺囑就是要隨心所欲

正因為想把遺產託付給要託付的人，才必須訂立遺囑。日本繼自傳風潮後，也掀起了一股預立遺囑熱。一向習慣隨心所欲生活的人們，隨著年事漸高，身後事當然也想依自己的意思處理。

針對想立遺囑卻又不知如何下筆的人，有一本《遺囑筆記》註2便是以工具書型態所撰寫的遺囑教戰手冊。編著者井上治代女士目前擔任「Endingcenter」（提供喪葬資訊以及協助喪葬事宜的民間團體）的理事。

最近，由麻鳥澄江女士和鈴木文女士合著的《女人的遺囑》註3，封面上有一句話：「**所謂女人的遺囑，就是向世人宣告『獨一無二』的我，正活生生存在著。**」這是一本教導單身女性如何預立遺囑的參考書籍。書中除了講述如何將遺產留給想給的人，還包括了「一毛也不想留給他」的拒絕往來名單，我對於兩位作者的貼心周到深感佩服，其中包括虐待自己的親人、不想死後葬在一起的親戚、想斷絕關係的親生子女……現今社會就算是親人也不一定會彼此關照，更何況很多人根本不重視親族關係。

生前先立好遺囑是一種普遍的觀念，因為遺囑不是為了往生而立，而是為了活著的自己所寫。只要活著，人際關係就會發生變化，想法也會隨之改變，因此遺囑必須加註日期，新的日期絕對比舊的有效，一直到真正往生為止，遺囑不斷修改也是理所當然之事。

我是在年過四十後第一次立遺囑，因為那時正旅居海外。身處德國的那一整年，包括轉機，我一共搭乘了五十三次飛機。雖然飛安事故純屬機率問題，但搭乘的次數越多，遭遇事故的比例自然越高，所謂「天有不測風雲，人有旦夕禍福」，這讓孤家寡人的我，興起了預立遺囑的念頭。**之後每次人際關係（也包括感情問題）出現了變化，我便會改寫遺囑。**

就拿我的房產來說吧。我現在住的是四房兩廳的房子，一個人住的確稍嫌大了點。而非常瞭解東京居大不易的我，往生後打算把住家提供給短期居留日本的外籍研究人員及其家人使用，或者充當貧困亞洲留學生的宿舍，也是可行的作法。

此外，我也想將部分積蓄轉贈給來自亞洲各國的女留學生，作為獎學金之用。反正

註2：《遺囑筆記》原書名為《遺言用ノート》，ベストセラーズ一九九六年出版／《新・遺言用ノート》，ベストセラーズ二〇〇二年出版。

註3：《女人的遺囑》原書名為《女の遺言》，御茶及水書房二〇〇六年出版。

零利率時代也無法期待能滾出多高的利息，而且其實一開始的本金也不多，因此還是得思考一下獎學金能提供幾年，以及不會給幫忙執行遺囑者添麻煩的方法，當然也要估算一下承辦手續的人事費用等。

樂於投資未來

飽受病痛折磨，不知還能活多久的瑞枝，是位獨立自主的職業婦女。她將四千萬日圓託付給某NPO團體，當作培育年輕人才的基金，希望有生之年能有效善用現款，這種觀念與作法正可供以後的人們參考。

歷史學家脇田晴子女士拿出自己的一部分年金，創辦了女性史學家獎。家庭美滿，在京都擁有豪宅的脇田女士生活十分優渥，她親自指定審查委員，希望能在有生之年多培育一些優秀的年輕史學家。我個人便十分欽佩她的見解與作法。

只要脇田女士還活著，便能持續領取年金，比起事業經營會受利率波動左右的財團等機構，政府的財政基礎穩定多了。也因為只要自己還在世，就是最大的本錢，所以為了讓這個獎項能持續存在，任何人當然都會希望自己長命百歲。我聽說教師罹患失智症的比例較高，也曾心想自己是否屬於高危險群，但得知脇田女士創辦這個獎項後，我有時仍不禁胡亂想像……要是脇田女士真的罹患失智症……雖然這對脇田女士有些失禮，不過想像年事已高、有些癡呆的她，坐在輪椅上出席女性史學獎頒獎典禮時，搞不好還會對漲紅著臉向她道謝的得獎人說：「咦？為什麼要向我道謝？」

像她這種早有身分地位與聲譽的人，其實根本無須做些沽名釣譽之事，就算要彰顯也是彰顯年輕人的才能與努力，因為這是一種對於未來的投資。

脇田女士所創辦的女性史學家獎，並沒有以她的名字作為獎項名稱。身為中世商業史研究學者的她，在同事一片反對聲浪中勇於主張「女性史學」，培育了許多傑出後進，卻又能獲得一向不太重視女性史的歷史學界認同，可想而知要付出多大努力、飽受多少委屈。此獎項也考慮到有些女性是進入職場後才開始從事研究，因此得獎對象不限個人創作、合著、年齡、性別和國籍等，只要是以日語書寫即可，實在令人欽佩。

雖然脇田女士有三個兒子，但現今已不是孩子必須繼承父母事業的時代。雖然我自己並沒有子女，但**長年從事教職，讓我十分明白教育就是一種「投資未來」的價值。培育和自己沒有血緣關係的孩子們，便是教職生涯的一大樂趣。**對於許多具有學習熱情和能力，卻為生計所苦的女性，尤其是來自亞洲各地的貧困留學生，我總是樂於伸出援手。

死後也能活用身後遺款

過去，我也曾經接受別人的幫助。三十幾歲時，我拿到了以新渡戶稻造為名的為「NITOBE FELLOWSHIPS」獎學金，前往美國留學兩年，這兩年的留學生活大大改變了我的人生。

在我二十幾歲時的那個年代，是採一美元兌換三百六十日圓的固定匯率制，攜帶外幣出境的限額為五百美元。當時出國的日本年輕人都是手拿一張單程票，稍微打理一下住宿處便出國闖蕩。現今喜歡輕鬆出國來趟畢業旅行的年輕人，肯定無法想像吧。

據我粗略估算，兩年的留學生涯大概花了一千萬日圓以上，這些錢用在一個前途混沌未明的年輕研究者身上，也許會就此一去不回也說不定。在眾多以理工科學生為資助對象的獎學金中，我申請的是送一百名社會科學人才出國進修（目前為止已送出一百七十名）的獎學金，目前活躍於學界的社會學家，大多便是拜此獎學金之賜，才能有現在的成就。所以我始終很感謝那些曾經鼓勵我爭取這項獎學金的學界前輩。

有位曾受我照顧的女研究生，在取得博士資格，並有了安穩的工作後，向我這麼說：「謝謝老師長久以來的照顧，我會培育更多英才來回報老師的恩情。」

這番話多麼令人欽佩。

預立遺囑，並且有個能確實代為執行遺囑的人，即使離開人世後，也能有效活用身後的遺款。

匪夷所思的日本遺產制度

只是，立下遺囑之前還有道阻礙必須克服，就是日本法律上所謂的「法定繼承人特留分」。日本法律雖然採行個人主義（例如日本法律不認同夫妻財產共有制以及所謂的身家財產），但卻只有遺囑不適用於這項原則。預立「遺囑」的目的，就是希望死後還能按照自己的意思處理遺產，但在日本卻不是這麼一回事——依照法律規定，個人對自己的遺產只有一半的決定權。

日本法律規定，無論內容為何，遺囑只具一半效力，剩下的一半屬於法定繼承人，目的就是為了保護親屬的權利。法定特留分的分配方式為：父母有三分之一的繼承權；配偶與子女為二分之一，兄弟姊妹無權繼承。

「所有遺產皆贈與友人○○先生……」那麼，難道遺囑這麼寫，就不具任何法律效力嗎？其實不然。由於特留分是從有此權利的人請求繼承權的那一刻開始生效，亦即自己死後，在所有遺屬都對遺囑沒有意見的情況下，遺囑言明之繼承人不一定就得放棄特留分。父母雙亡又沒有子女的高齡單身者，自然不必擔心法定繼承人特留分的問題，若無論如何都不想讓父母、配偶或子女繼承遺產，則可自行向家事法庭提出仲裁，依法解除他們的法定繼承權，這一招也是從《女人的遺囑》中學來的。

為了防止有些個性蠻橫的高齡者不顧配偶和子女的生活，刻意留下剝奪親屬繼承權的遺囑，日本法律才會立法保護法定繼承人的繼承權。但事實果真如此嗎？「明明是自己的財產，卻只有一半的決定權，什麼法定繼承人特留分我自己愛怎麼處理就怎麼處理，跟別人有什麼關係」有人聽到我這麼大發雷霆地抱怨，回答道：

「假設一個有錢的老人生前一直都是由女傭細心照顧，要是老人家留下遺囑，言明所有財產全歸女傭所有，那不是很傷腦筋嗎？」

有什麼好傷腦筋？如果只有這位女傭能撫慰老人家晚年寂寞的心靈，那麼會演變成這種親屬關係，也是那些親屬自己該負責任吧。這不就是所謂的遺囑個人主義所包含的風險嗎？不過我也相信，可能有許多人還是不苟同這樣的觀念吧。雖然我對推行日本婦女有權選擇是否冠夫姓的修法運動不是很熱衷，不過要是有人推行廢除法定繼承人特留分的修法運動，我倒是會考慮投入。

收養一百個養子

要是女人的所得和男人一樣高，婚姻制度可就一點好處都沒有了。現行日本法律利用各種手段，灌輸女性當全職家庭主婦好處較多的觀念，我對於這種作法頗不以為然，也認為這種勸導女人結婚的制度和法律實在不妥（結婚是因為彼此興趣相投、有共同的信念，千萬別期待法律會給人什麼特別的好處）。但相反地，的確也有因婚姻而獲得特殊好處的制度，例如，承認同志婚姻——法國的「公民結合法案」，就承認所有未婚的異性與同性繼者都可向法院登記結婚，享有與一般夫妻同等的權利與義務。但婚姻畢竟不只是夫妻兩人之間的親密關係，無法凡事都以配偶為優先考量，所以遺產繼承也就顯得格外複雜難解。

就算覺得法定繼承人特留分再怎麼莫名其妙、無法認同，仍然有反過來利用它的作法。**就法律而言，所謂的親屬不是視血緣和親密程度而定，而是一種依法決定的關係。無論彼此再怎麼疏離、互相憎恨，法律上還是親屬關係。因此可以利用這一點，堂堂正正行使權利，和陌生人建立法律上所謂的親屬關係。**

依據日本現行法律規定，夫妻只能有一位出面代表認養（笑），而且要與收養對象的性別相異，才能建立親子關係。日本的收養制度本來就是為了繼承目的而設，並非為了孩子的福利和教養問題著想，就算單身成人也能認養子女。雖然還是有年少者不能認養年長者為養子女的年齡限制，但即使出生日只差一天，親子關係也能成立。建議雙親亡故又沒有子女的單身伙伴們之間，也許可以利用這項制度，讓彼此建立法律上的親屬關係——索性就讓一百位朋友變成一百位養子女，有效反利用這條法律也不錯吧。

不過日本的認養關係和結婚制度一樣，當事人雙方必須採用相同的姓氏，但我想反正平常照舊稱呼即可，況且「親子可選擇不同姓」之類的民法修正案，在日本也許會在不久的將來通過執行也說不定。雖然女權主義者常被指責為家庭制度的破壞者，但其實女權主義者所倡導的，不就是一種大家族主義嗎？

遺留下來的不只是錢而已

那麼，一個人離開這個世界後，還能留下什麼？

單身者沒有後代，沒人替自己掃墓，似乎也就不需要蓋什麼墓了。動產總有花完的一天，不動產也會落入他人之手。沒有必要鑄銅像，也不可能建紀念碑、紀念館。雖然有些人會出版遺作、遺稿集，但對毫無關係的人而言，這些東西毫無價值。期待自己能在百年後名留青史的狂妄想法，應該只是男人特有的觀念，甚至可以說是一種不正常的心態吧。

蓋座紀念館，名留青史

近來日本有許多城鎮為了推展觀光，以出身當地的作家或畫家為號召，招攬遊客，因而掀起一股蓋紀念館的風潮，但我對此事十分不以為然。

從事媒體相關行業的人，只要十年沒出現在螢光幕前就會被眾人淡忘，畢竟大眾是喜新厭舊的。位於山中湖畔的三島由紀夫文學館，以及長野縣小諸市的島崎藤村紀念館均成為知名的觀光景點；若以收益層面來看，也只有美空雲雀和披頭四等風靡一時的明星紀念館比較賺錢，但美空雲雀紀念館也於二〇〇六年十一月關閉，看來就算是知名明星，也很快就會被世人所淡忘。雖然也有民間紀念館捐贈給地方政府經營管理的例子，但大多數都是接手後經營困難，反倒成了地方政府的負擔。

位於高知縣本山町深山裡的大原富枝文學館，也是由地方政府經營。大原富枝女士以描寫野中兼山一族悲劇的《名喚阿婉的女人》[註4]，獲得每日出版文化賞和野間文藝

註4：《名喚阿婉的女人》原書名為《婉という女》，講談社一九六〇年出版。

賞，是位傑出的女作家，我也是她的書迷，但現在她幾乎已被世人所遺忘。大原女士將老家舊宅捐贈出來，在地方首長的促成下，改裝成一座漂亮的紀念館，還將她的書房重新修繕、整理，尊其「功在家鄉」。大原富枝女士生前就很想為自己蓋座紀念館，也為此投下不少資金，為了親自參與文學講座，甚至定期往返東京、高知兩地。

我去參觀紀念館時，林中傳來杜鵑鳥囀，兩位女性工作人員因為沒什麼工作，十分清閒，而殷勤地招待我。

三浦綾子紀念文學館位於北海道旭川市，但也許有人會問三浦綾子是誰？她當初以小說《冰點》獲得朝日新聞一千萬日圓獎金，這部作品日後還改編成電視劇，由石原里美主演。也許有人還記得這部作品也曾多次改編成電影，然而多數人對她的印象也僅止於：「啊啊，聽你這麼說，好像有這個人。」而且若不是她的書迷，恐怕也不會特地造訪這座紀念館吧。

如果是在這類本人或遺屬自行出資建造的紀念館中立銅像或擺設肖像畫，那麼隨個人喜好行事即可。但若要動用公帑，還是別太浪費比較好。畢竟建造事小，管理事大，不只有修繕費、水電費，人事等支出也是不小的負擔。

藏書也能遺愛社會

我這種文字工作者，根本無須為蓋紀念館傷神，比較傷腦筋的是，身後留下的一堆書藉。對研究者而言，書是吃飯的傢伙，藏書量自然可觀。雖說如此，我既不是史學家、也不是什麼書癡，沒有珍本、初版品等珍貴典籍，有的只是隨處可見的雜書而已。

我有個沒有交代如何處理藏書便過世的朋友——英語學者渡邊和子女士，後來在幾個友人商量下，決定將她的藏書全數捐贈給京都府女性綜合中心圖書館，並命名為「渡邊和子紀念文庫」。當然也有人生前便表明捐贈藏書的意願，國際社會學家鶴見和子女士便是一例。她將藏書悉數捐贈給外甥鶴見太郎先生任職的京都文教大學圖書館，冠名「鶴見和子文庫」作為紀念，還收藏了她的一些手稿。

說到捐書，多少還是有點顧忌。捐是無所謂，但若要冠上什麼「上野千鶴子文庫」，那可是會讓我傷腦筋的。我不若鶴見女士知名，只是個小小社會學家，身邊有的也只是些雜書罷了。我可不想在身後被人批評：「什麼嘛！這個人只會讀這種程度的書啊！」或是「咦？這本書好像連翻都沒翻過耶！」況且我那不登大雅之堂的書架上，還有各種不方便讓人知曉的書籍呢。

我不喜歡讓他人參觀我的書櫃，因為書櫃反映了一個人的腦中裝了些什麼；不過，我倒是對別人的書櫃挺感興趣，造訪別人家時，總會習慣性地參觀他們的書櫃。只是我始終沒辦法公開自己的書櫃，總覺得隱私會受到侵犯。

雖然我樂於捐出自己的藏書，但可不希望被冠上「上野千鶴子文庫」之名。所以，我藉本書聲明一下：日後我捐贈出去的書，請當作一般書存放就行了。

近來由於公有圖書館空間嚴重不足，接受捐贈的書籍反而造成館方的困擾，也沒有足夠的人手將資料建檔，因此若已經自行建檔便再好不過了了。所以我想乾脆以日本女性學研究資料為名，將書捐給沒什麼預算的國外大學圖書館。只是，龐大的運費問題就得事先納入考量。

資料建檔，重複確認，連運費都得自己負擔，現在就算想捐書，別人也不見得會接受。既然如此，乾脆秤斤論兩賣給舊書店算了。

寫下自己的人生軌跡

「自傳」是一種為自己所留下的紙本紀念碑。

自從出現了「自傳」這個名詞以來，不只是名人，任何人都能出版自傳，並且形成一股風潮，坊間甚至還出版了許多教人怎麼寫自傳的書籍。

自傳也可以說是一種「自我炫耀史」，畢竟人實在難以抗拒「歌功頌德」的誘惑。政治家和企業大老闆因為沒時間自己動手撰寫，便會找專業寫手代筆，以訪談的方式結集成冊。

有些人甚至會自費出版自傳，餽贈親朋好友。這麼一來，自傳的價值便有如家族相簿，但對外人來說卻一點意義也沒有，只是多了件毫無使用價值的東西罷了。

真正有價值的自傳，是針對特定對象所撰寫，例如為了讓孩子瞭解自己此生一路走來的軌跡而寫成的回憶錄，對後代而言，便是一種無價之寶。

不想遺留下的東西

有些東西值得留下來，也有些東西則留不得。

我有個朋友的親密愛人意外驟逝，最讓他擔心的是他和女友做愛時用的小道具萬一被家屬發現可就傷腦筋了。我實在無法想像為了女兒驟逝而哀痛逾恆的家屬，在整理遺物時，卻發現皮鞭和皮手銬等東西時的驚愕表情。

女友生前一個人住，所以他有她家的鑰匙。當他收到訃聞後，連悲傷的時間都沒有，只是拚命苦思該如何瞞過家屬，偷偷清理掉那些東西。

單身者的遺物裡，難免有些比較私密的東西，因此事先想好該怎麼處理，也是件不容忽視的事。

寵物的安置問題

該如何安置寵物是最讓人傷腦筋的事。尤其是那種除了飼主以外，不和外人親近的「忠犬」，對接手者和寵物兩方面而言，都不是個好解決的問題。若是大型犬，一般都會公寓大廈根本沒辦法飼養，而且若狗身上長了蝨子或有什麼特殊行為，也會造成他人的困擾。

也是單身一族的美惠子，一直都有養狗。自從養了十一年的柴犬死後，美惠子一直到五十七歲那年才又鼓起勇氣養了一隻甲斐幼犬。她偏愛中型日本犬，這次養的甲斐犬血統純正，一看就是那種擅於狩獵，精悍又調皮的狗兒。狗的平均壽命是十四歲，一想到自己年紀一大把，帶狗兒出外散步也很花體力，於是美惠子抱著恐怕這是最後一次養狗的心態，養了這隻小狗作伴。

就算設想得如此周到才行動，畢竟世事難料，若高齡者照護服務中也提供寵物安置的相關服務就好了。我認為不只人類需要照護保險，失去主人的寵物也要有「老狗照護保險」，如此一來，高齡者就可以安心養寵物了。現今許多家庭都視寵物為家中的一份子，若有一天自己先走一步，要擔心是否能得到妥善照顧的對象，可不只有小孩呢。

手機與電腦裡的祕密

過去擔心別人看到的遺物是寫著私密情事的日記，還有情書等紙本類的紀錄，現在則是電腦和隨身碟。

絲山秋子的芥川賞得獎作《在海上等你》[註5]，是部描寫女職員和男同事之間友情的小說，深獲大眾好評。其中有段情節描述女主角為了履行彼此互許的承諾，偷偷潛入意外驟逝的男同事住處，銷毀電腦硬碟裡的所有資料。現今時代，電腦硬碟可說是從腦中移轉過來的記憶集合體，自然有許多不想讓別人知道的祕密。

而小池真理子的作品《惠梨香》[註6]中，也有一段外遇的妻子沐浴時突然暴斃，結果手機掉到浴缸裡，裡頭的訊息全都銷毀得一乾二淨的情節。手機是婚外情的必備品，瞭

註5：《在海上等你》原書名為《沖で待つ》，文藝春秋二〇〇六年出版。
註6：《惠梨香》原書名為《エリカ》，中央公論新社，二〇〇五年出版。

解這個道理的女性朋友們，肯定會想像女主角八成是擠出最後一絲力氣將手機丟入浴缸的吧。所以像這種時候，還是別用什麼具防水功能的手機比較好。

隨著他人離世一併消失的回憶

一個人往生後能留下什麼？遺物四散，任何事物都化為烏有、腐朽，不動產則落入別人手中，最後能留下來的是留存於別人心裡的回憶。

人死後留下的是留存於他人心中的回憶，而這份回憶也會隨他人的離世而消失無蹤。

歐美家庭習慣在暖爐和床頭擺放家族照，以表達「想念」之意，若有人往生，便以此代替牌位，如果日本的神龕和佛壇也能比照辦理該有多好。

宛如牌位般存在的家族照片，對當事者以外的人而言，其實毫無意義。這跟去友人家拜訪，翻閱他們的家族相簿卻不會有什麼特別感覺，是相同的道理。看到素昧平生者的照片，頂多聽友人閒聊幾句其人的生平；或是看到友人小時候的照片，隨口讚美：「好可愛喔！」畢竟勉強自己關心陌生人的過去，也是很痛苦的事。只是，相簿是供當事人「反覆記憶、回味再三」的東西，所以看別人家的相簿時，還是不能表現出一副漫不經心的模樣，這是我謹記在心的原則。

裝飾在暖爐上的家族照，留存著在世者對照片主角的回憶，當這些回憶還在時，表示往生者還活在家人心中，家人還記得自己曾活在這個世上。而隨著家人相繼離世，自己存在於世界上的痕跡也會一點一滴地消失。其實這樣也沒什麼不好，不是嗎？

當然，鑄銅像或繪製肖像畫有著不同層面的意義。我並不明白那些一心要名留青史，讓後世歌頌其豐功偉業的人是何心態，也許他們覺得自己活得不夠淋漓盡致吧。若是這樣，還真令人同情呢。

選擇自己希望的離開方式

一提到單身一族的晚年生活，馬上就會聯想到「孤獨死」這個字眼。

我也曾在第五章提及，世上似乎將死亡分為「正確的死法」和「不正確的死法」，而且孤獨死正是一般人眼中「不正確的死法」。

有誰能夠「自然死亡」？

日本醫療社會學家美馬達哉先生認為，「自然死亡」就是能作為社會規範的「理想的死亡方式」，也就是「非放任不管的自然死亡」的意思[註7]。若由此標準看來，「放任肉身自然死亡的『孤獨死』就絕對稱不上是自然死亡」。

那麼「能作為社會規範的自然死亡」，究竟是什麼樣的死亡方式呢？依美馬先生所言，應包括五項條件：⑴本人自覺大限將至；⑵本人和家人都對死亡已有心理準備；⑶經濟方面和法理方面都已準備妥當；⑷已完成工作等社會責任；⑸周遭的人都已做好心理準備。喔？這樣就稱得上是「自然」嗎？究竟有多少人能完全符合這五項條件，達到「自然死亡」的理想方式呢？

「所謂的自然死亡，有別於一個人獨自面對死亡的孤獨死，而是在家人的『見證』下，嚥下最後一口氣。」既然如此，與其說是「自然死亡」，還不如稱為「社會性死亡」[註8]比較恰當。

死亡是獨自承受的經驗

我在照顧臥病在床，不久於人世的父親時，腦海裡突然浮現了一種想法：

「雖然看到父親這麼痛苦，心裡難過不已，但要面對死亡的人是父親，不是我，所以我還是沒辦法瞭解面對死亡的孤獨與恐懼。」

人人都得面對死亡的到來，這仍是種獨自承受、別人無法分擔的經驗。

這麼說來，方才所列舉的「自然死亡」條件，就不是為了大限將至的人而定，而是依照「社會性死亡」的字面意義所定的條件吧。也就是說，這個國家認為在家人看顧下往生，才是社會所認同的「自然死亡」。

所謂超高齡社會，是指年長者比其他家人都更長壽的社會，而且以子孫圍繞、在家人看顧下嚥氣的條件來看，這不見得是每個人都能達到的死亡方式。若說這種死亡方式才是「自然死亡」、「理想的死亡方式」，那並非「自然死亡」的人，不就得飽受不必要的恐懼和痛苦？而家屬也會背負著「沒能見到最後一面」、「竟然讓他孤伶伶死去」

註7：此說法取自於《生かさないことの現象学—安楽死をめぐって》與鷲田清一、荻野美穂、石川准與市野川容孝編輯的《身体をめぐるレッスン2　資源としての身体》，岩波書店二〇〇六年出版。

註8：一種社會性過程。當一個人沒有思想、沒有感覺時，就是社會性死亡。

等難以言喻的罪惡感。

「孤獨死」的緊箍咒

屬於中年單身者的百合子，上有高堂老母，下有年幼女兒。她和因為中風而半身不遂的母親同住，還請了看護照顧母親。某天週末，百合子因為突如其來的工作而外出加班，回家後卻赫然發現母親已經往生。她抱著母親還微溫的遺體痛哭，對於自己沒有將工作留待隔天處理，卻讓母親孤單往生一事，自責不已。

她認為讓母親孤伶伶地面對死亡，是為人子女最大的不孝，但也許死去的母親並不介意當時有誰陪在身旁。因為面對死亡是一種孤獨的行為，沒有人可以分擔、替代。雖然我自己尚未經歷過這種事，無法全然瞭解，但步入死亡的瞬間，是否有人陪在身邊，真的那麼重要嗎？

「見最後一面」其實是活著的家人們的堅持，因此，「陪在身邊直到嚥下最後一口氣」，並不是為了大限將至的人，而是為了活下來的人。正因為無法預料住在一起、睡在一起時，外出或是一不注意時，會發生什麼事，因此才要隨時都做好心理準備。

喜美子雖然必須照顧長年臥病在床的婆婆，但她偶爾也會和朋友出遊、逛街。「我已經盡心盡力了，所以就算哪天突然發生什麼事，也不會感到遺憾。」她很豁達地說道。也許有人會說媳婦畢竟比不上親生女兒，但像喜美子的女兒遠嫁他鄉，她很明白自己要是有個萬一，女兒很可能沒辦法趕回來見自己最後一面。因此，**關鍵並不在於自己想以什麼方式離開人世，而是活著的人堅持以什麼方式送親友最後一程。**

單身者就沒有這麼多顧慮，可以完全按照自己的心意，選擇自己想要的告別方式。當然，一定也有像我這種「堅持不成家的人」，想必這些人一定沒有陪自己走完人生最後一段路的親人。若是住在醫院或養老院等機構，接受醫療和專業照護人員的照護，臨終前只需向辛苦的醫護人員道謝，也就無須面對和親友死別的情景。

單身者究竟該如何化解「孤獨死」的緊箍咒呢？

學習面對孤獨才能避免「孤獨死」

根據吉田太一先生的著作《遺物整理商的二三事》所述，意外孤獨死多集中於「五十五歲至六十五歲左右」的中年人，所謂「獨居老人孤獨死」的案例，其實「年紀都不大」，而且以男性居多。

孤僻導致孤獨死

吉田先生處理過的孤獨死案例，以死後數週到數個月才被發現者居多，不但屍體腐爛發臭，還爬滿了蛆。光是讀到這裡，就彷彿聞到刺鼻臭味般，令人渾身不舒服，但吉田先生那充滿大愛的文章卻救贖了我們的心靈。**一個人可以獨自面對死亡，但身後事就無法自行處理。孤獨死不但淒涼孤寂，也等於傳達了終究還是要麻煩別人的事實。**

也許很多人讀到這類書便心生畏懼，其實看了吉田先生的著作便能清楚瞭解，這些必須拜託遺物整理商處理後事的孤獨死往生者，往往在世時便處於異常孤獨狀態（正確來說應該是孤僻吧）。根據吉田先生的研究，這類人多是因為失業、離職、閉門不出、離婚、與家人不睦等因素，才過著孤僻生活，而且往往早已陷入不願向任何人求助的窘境，並以男性居多。

吉田先生十分憂心「高齡者孤獨死」的問題，但更需關心的其實是「高齡者過著孤立生活」的隱憂。**生活孤僻者就必須面對孤獨死，因為生活方式與死亡方式是密切相關的，一個人不可能突然就以孤獨死的方式面對死亡。**

吉田先生的著作中曾提到一位身居豪宅的老婦人，往生一年半載後遺體才被發現，背後原因就在於老婦人與親友長期斷絕往來。令吉田先生詫異的是，老婦人既然那麼有錢，為何不尋求他人協助呢？就算與親戚關係再疏遠，難道連個朋友都沒有嗎？他的腦中浮現了種種疑問。

放心，**準備好迎接單身晚年生活的妳（你），肯定和所謂的「孤獨死」無緣**。也許在讀了吉田先生的著作後，反而讓人更放心、更確信自己不會遇到這種事。

三不五時，多管閒事

單身者之所以會面臨「孤獨死」，就是因為瀕死之際沒有家人陪在身邊，只要明白這點，便能克服問題。與友人建立安全互助網也是單身者的生活條件之一。相反地，要是沒有這道安全互助網，便無法安心過著單身生活。

只要讀過吉田先生的著作，便會瞭解往生後過一段時間才被發現的遺體，「處理」起來有多麼麻煩。而單身者必須清楚認知：對活著的人而言，不單是遺體，處理遺物也不是件簡單的任務。

若是和家人同住，往生後馬上就會被發現，因此獨居老人若能和鄰居建立互助關係，接受定期巡訪照護，便不會發生沒人知道自己早已過世的情形。如果有平常保持聯絡的朋友，也能立刻察覺任何不對勁。

我所參加的退休人士安全互助網，是一種能寄放彼此家中鑰匙的信賴關係。有位高齡男性獨居者便是此互助網的受惠者，友人打了好幾次電話到他家都沒人接，擔心患有心臟病的他該不會舊疾發作昏倒在家裡，於是有他家鑰匙的人趕緊過去察看，才順利救回一命。像這種「三不五時，多管閒事」的互助網絡，也是單身者晚年生活的一種保障。

法醫口中的「理想死亡」

難道沒有什麼方法能化解「孤獨死」給人的負面印象嗎？

因為一個人生活，獨自面對死亡也成為理所當然之事。始終過著獨居生活的人，卻只有在瀕死之際，被一群平常根本沒有往來的親友圍繞著，不是很奇怪嗎？

通常遺物整理商在遺體處理完畢後，便會開始進行遺物整理工作，只是並非每件案子都能如此順利。例如，孤獨死的遺體有時為了查明死因，必須進行解剖；而且依法規定，遺體必須取得醫師所開的死亡證明書才能進行火化，只要不是經過醫療程序而死亡的遺體，都必須經過法醫勘驗。

任職於東京都法醫醫院的小島原將直先生，曾有感而發地發表以「孤獨死」為題的演講，內容刊載於東京都法醫醫院的網站上（www.fukushihoken.metro.tokyo.jp/

kansatsu）。附帶一提，依據該網站所刊載的資料顯示，二〇〇五年東京都二十三區的勘驗件數「總計一一九七四具屍體，其中經解剖的有二七〇二具，一天平均勘驗件數為三十二・八具，其中經解剖的有七・四具」，案件數約占二十三區所有死亡人數的一八%，「意即每五、六名死者中，就有一人因不明病因或意外事故等而往生，必須由法醫進行勘驗」，比例之高，讓我有些詫異。或許哪一天我也得勞煩他們吧。

「**就算經歷過至親或友人往生的斷腸之痛，也絕對無法體會往生者的心情，因為自己尚未死亡。**」小島原先生以這番話作為演講的開場白，見解真是精闢。

曾經處理過許多「孤獨死」案例的小島原先生表示：「獨居的原因純屬私人問題，不應該以此揣測別人生前是否過得很孤獨。」就他的經驗來看，這些案例幾乎與「孤獨」毫無關係。

他還引用了尼采的名言：「遭到拋棄、不被人理睬和孤獨是不一樣的。」或許孤獨死也是一種死者自認為最理想的死亡方式。

「**正因為不知道死神何時降臨，人們才要學習面對。為了不讓自己勉強活在格格不入的團體生活中，平常就得學習認真面對孤獨，重視生命。**」他在演講尾聲如此總結。

形單影隻和無法求得獨身清靜生活，究竟哪一種情形比較痛苦？其實一個人的壓力與煩惱都源自於人際關係，若始終都是獨自生活，心裡反而比較平靜。

人是為了生存而死亡

小島原先生所提出的「孤獨死」相關案例報告，都不是關於「死亡方式」的案例，而是「生存方式」的案例，**因為人正是為了生存而死亡。**

在東京都法醫醫院網站上，他對高齡者提出以下五點建議：

1. 人活著就是為了等待死亡。獨居者一定要做好萬一哪天發生什麼事，能及早被發現的萬全準備。
2. 在眾人的陪伴下面對死亡，不見得幸福，死是一種必須獨自經歷的過程。
3. 無須恐懼孤獨。人生閱歷豐富的老人家較看得開，只要決定為自己而活，就不必太在意世俗的眼光。
4. 無須恐懼世人所說的「孤獨死」，死亡其實一點也不痛苦、也不孤獨。
5. 切勿一味迷信健康療法。

什麼嘛！這些事我也做得到啊。不過，我倒是對最後一項「切勿一味迷信健康療法」頗感興趣。我也有那種致力推廣吃玄米餐的朋友，只是不管怎麼做，人總有一天必須面對死亡，我個人便十分認同「死亡總是令人措手不及」的生死觀。

告訴我法醫醫院網站上刊載「孤獨死」議題資料的，是一位和我同世代、也同為單身者的新聞記者。這次的演講內容十分精闢，只刊載於網站實在有點可惜。演講的開頭引用尼采的德文諷刺詩：「這是一場針對萬人的演講，也是一場不針對任何人的演講。」此外，還有幾句尼采虛無主義風格的演講詞：「明白的人就會明白，不明白的人，說什麼也不會明白。」聽來令人陶醉不已。

然而，大多數日本人的家庭關係都很密切，才會將理應歸類為「社會性死亡」，也就是在家人陪伴下迎向死亡的方式，規範為「自然死亡」，並極度排斥「孤獨死」。處理過許多孤獨死案例的小島原先生，給世人的首要衷心建議就是，**無須害怕獨自面對死亡，但必須做好能讓別人及早發現並方便處理的準備，這是非常現實的問題。若能有這種認知，單身一族就不再痛苦。**

精采你的生命中最後一場演出

喪禮弔唁是活著的人要處理的事，和往生者無關（笑）。

只是，依照世俗常理，死者本身在生前最好還是能有些基本的要求與準備。

抱著旅行前的心情準備身後事

人往生後要舉行喪禮。

首先，必須考慮喪禮是不是要遵照宗教形式來舉行。要是有特定宗教信仰，當然就得遵循一定的宗教形式；如果沒有，死者明明沒上過教堂，喪禮上卻頻頻出現「阿們」的禱告聲也很奇怪。或者，平常除了掃墓之外，根本不會上寺廟參拜，往生後卻得到戒名[註9]，也很說不通。既然名為「佛教葬禮」，就不用對該給和尚多少布施而傷腦筋，也無須在意是否要用錢買個與眾不同的戒名。**反正人都往生了，就讓活著的人來決定吧。問題是，生前若什麼都不交代，全推給別人的話，也會造成別人的困擾。**

近年來人們不但重視婚禮，也很講究喪禮的設計。例如，在遺體上撒滿往生者生前喜愛的花朵或舉行音樂喪禮等；也有人堅持靈堂不擺放神佛像，只擺放死者的遺照亦可，所以還有人會特地準備自己最中意的照片，拜託友人到時務必要以此作為遺照，抑或是比照婚禮，全程拍照、攝影記錄。也有人以自己喜歡的音樂代替經文和讚美詩歌，還有人動手設計自己入殮時要穿的壽衣，或自己燒製骨灰罈等。

總之，**抱著要去某個遙遠國度旅行的愉悅心情，愉快地準備身後事就對了。**

我是巴哈的樂迷，所以希望喪禮上能播放巴哈的「受難曲」，但不曉得該選《馬太受難曲》還是《聖約翰受難曲》。受難曲屬於基督教文化，但借來一用應該無妨吧。反正作者離世五十年以上，就沒有著作權方面的問題了。

但要求的若是太過特別的喪禮形式，反而會招致負責處理後事者的嫌惡。例如，明明不是花開時節，卻要求「在遺體上撒滿生前最愛的香水百合」；或者，別像個命令孩子到寒冬森林裡摘草莓的母親般，提出強人所難的要求，因為活著的人也許會為了實現「往生者的心願」，而四處奔走。

此外，**除了抱著感謝之心，也要準備好喪禮籌備的人事費用等相關支出。**

若希望一切從簡，也可以選擇簡單的家祭或辦場追思會，全權委由他人籌辦，什麼形式都無所謂。若是舉辦追思會，只要親友之間籌措一點經費就行了。

至於要不要收奠儀，還是依日本傳統規矩退還一半，抑或將奠儀全數捐贈給某個單位等，請務必先行決定。我曾住在金澤這類千年古都，十分清楚這些繁瑣的日本禮教，其實這些規矩只會加重生者的負擔罷了。

註9：日本特有的葬儀習俗，人死後得到戒名即表轉世投胎之意。也分為「生前戒名」（逆修戒名）與「死後戒名」（順修戒名）。

塵歸塵，土歸土

有些人會在生前簽下「器官捐贈同意書」，表示死後遺體將捐出供解剖之用。不過捐贈的最好是器官完整的大體，所以我這個曾動過手術，失去部分臟器的身體似乎不符需求。

若是突然去世，也可以捐出臟器供器官移植使用，但超高齡單身者的身體可能就有些勉強。**只有活著的時候才會有痛、癢等反應，一旦死後便只是具空殼，我雖然很欣賞西藏的天葬（將往生者的遺體餵食鷹、魚、犬等）等回歸自然、物盡其用的思想，但現在的日本仍然無法接受這樣的方式。**

日本是以將遺體燒成骨灰的火葬為主。二次世界大戰時，交到遺族手上的往往也是戰死沙場的日軍士兵骨灰罈，而且裡面不曉得裝的究竟是誰的骨灰，甚至有許多骨灰罈是空的。

在以火葬為主的地域文化圈，人們若是客死異鄉，只要就地火化，託人把骨灰帶回即可。但在以土葬為主的地域文化圈，家屬都有「生要見人，死要見屍」的觀念，所以當年戰死沙場的美軍遺體都是以乾冰保存，裝進屍袋用飛機運回故鄉。雖然所費不貲，但不這麼做，家屬一定無法諒解。以往海軍的慣例則是將遺體丟入大海，進行海葬，也許這種處理方式反而比較乾脆吧。

日本人認為遺骨是死者曾經在世的象徵，比起遺體更方便處理，還可以分葬。只是，也因為方便分葬，使得日本社會經常出現遺族不計代價爭奪死者骨灰的荒謬現象。

我的好友美智子將母親的骨灰裝在一個義大利製的金屬小盒子裡並隨身攜帶，以悼念母親。年過六十的和美則有隻養了十四年的老狗，在三年前去世，她將愛犬的遺骨和照片擺在客廳至今，因為骨灰很乾淨又不占空間才能這麼做。而失去愛犬的她，到現在還是沒辦法平復心情，也沒有勇氣再養一隻。

大阪還有收集無主孤魂的骨灰並統一祭祀的寺廟，沒有子嗣的夫婦或是將來沒有後代掃墓的單身者等，都會前往詢問，納骨費從一萬五千日圓，到永久奉祀費十萬日圓以上不等（視個人心意而定），價格還算合理。

自己決定身後常住的地方

接著是關於墳墓的問題。

※LIFE 熟齡生活指南　身後事問題，請參閱別冊第47頁「身後事的基本知識」一文。

擔任 Endingcenter 理事一職的井上治代女士，是位曾以墳墓為題發表論文的墳墓學專家[註10]，目前任教於大學的她原本是位小說家，因為採訪「不想和丈夫合葬」的妻子們，作為報導題材，而開始接觸這方面的資訊。

因為遭受ＤＶ（domestic violence，家庭暴力），或是丈夫的前妻早已入葬，根本沒有自己的安身之處，還是慘遭婆婆欺負，死也不肯葬在夫家「祖墳」等各種因素，而不願和丈夫葬在一起的現象，便稱為「死後離婚」。丈夫還在世，妻子就在想這種事，也算是世間一種不可思議的現象吧。

墳墓有趕流行趨勢

森綾子小姐對於墳墓研究透徹，出身關西的她，也是阪神大地震中擔任義工協調事務的特定非營利法人組織「寶塚ＮＰＯ中心」的成員。大阪有祭祀無主孤魂的寺廟一事，就是她告訴我的。

根據森小姐的研究，其實「祖墳」的習俗並不久遠，約莫從幕末才開始流行。以前都是立座「卒塔婆」[註11]的個人墓、或是村落的公共墳墓；而且有些習俗還會區分埋葬遺體的墓和參拜用的墓，參拜用的墓裡沒有放置遺體。

百姓之間流行蓋「墓」的觀念，也並不久遠。由於都市化的關係，大都市也掀起闢建墓地的風潮。例如，以前抱持獨身主義，住在家裡的三男，雖然曾決定死後葬入長兄所建的「家族墓」，但日後到都市發展，便改變主意想蓋座自己的「墓」。六〇年代日本郊外陸續闢建了公共墓園，當時也有人擔心若長此以往，不但居住空間不足，連墓地也會不敷使用，但事實證明這也只是一時的風潮。不知不覺間，社會漸趨少子化，同為獨生子、獨生女的男女結褵後，不得不考慮雙方的「家族墓」是否要合併等問題。日本的「祖墳」觀念出現這樣的演變，也是令人始料未及。

其實，墳墓也有流行性。近來俄羅斯流行將往生者照片以雷射雕刻在墓碑上，而且用花崗岩打造墓碑，造價想必不便宜，我想隨著經濟的發展，不惜重金打造，以彰顯往生者功績的後人，應該會越來越多吧。只是，我第一次看到這種墓碑時，還真被墓地上一整排和本人相同大小的臉部雷射像給嚇了一大跳。雕刻得栩栩如生的人像，反而讓我有點毛骨悚然。這種風潮還是別流行的好。

註10：井上治代女士墳墓學論文相關作品為《墓と家族の変容》，岩波書店二〇〇三年出版。

註11：梵語「stupa」之音譯，又作卒都婆、窣堵波、藪斗婆。巴利語為「thupa」。略稱塔婆、兜婆、浮圖、塔。在古代印度原為形如饅頭之墓。

日本的「女人碑」

有鑑於個人墓越蓋越多也會造成用地問題，日本因而出現了所謂的共同墓園。一群以單身婦女聯盟代表谷嘉代子女士為首的婦女，合力促成了在日本嵯峨野常寂光寺內建立「女人碑」一事。單身婦女聯盟是由一群因戰爭而錯過婚姻大事的單身女性同胞所建立的互助組織。

二次世界大戰中受徵召入伍，最後戰死沙場的日本男性高達三百萬人，在缺乏結婚對象的時局下，迫使這些女性成為背負歷史命運的「敗犬」世代。不同於現今，當時的單身女性想必連生活也備受岐視吧。不曾生育的她們，自然連為自己掃墓的後代子嗣也沒有，所以才會想到蓋個共同墓園，常寂光寺的住持也很支持這個想法，因而提供場地。雖然此處已不再受理納骨申請，但這個共同墓園的構想不啻是種創舉。

其實，企業也有所謂的共同墓園，不過對不可能「為公司打拚一輩子」的單身女性而言，實在很難理解連身後事也要和公司有所關連的心態。

遺骨撒在大海上

近來自然葬與撒葬也蔚為風潮。井上治代女士擔任理事的Endingcenter所辦理的殯葬方式中，除了將骨灰撒在櫻花樹下的樹葬，還包括各種殯葬儀式及墓地形式。雖然以「回歸自然」為理念的撒葬頗受人們青睞，但也有人質疑遺骨能隨便撒嗎？日本對於撒葬，並沒有特別的法律限制，因為當初法律（殯葬管理法）並未預想到這樣的殯葬方式。至於撒葬之處，不論是大海、山林或自家庭院皆可，日本法務省或厚生勞動省所採行的準則是：「只要是不過分誇張的殯葬方式，都沒有問題。」只是在執行撒葬時，處理成完全看不出是遺骨的粉末等形體，就必須考慮是否會給他人帶來困擾。有些地方政府也針對此事確實訂立了相關條款，還是格外注意為佳。

我的好友松井真知子女士寫了一本書，名為《在美國與乳癌相伴的生活》註12，身為社會學家的她，傾注所有心力出版這份令人動容、與死神搏鬥的記錄後，在前往北歐收集臨終照護相關資料時，於旅途中辭世。那時有很多朋友勸已是癌末患者的她不要遠行，「反正死在哪裡都一樣。」松井女士說道，直到人生終點還是堅持貫徹自己的夢

註12：《在美國與乳癌相伴的生活》原書名為《アメリカで乳がんと生きる》，朝日新聞社二〇〇〇年出版。

想。她之所以能如此堅強，全是因為有位小他十三歲，長年支持她的伴侶。

松井女士病逝挪威後，男友通知她在日本的親戚，並將其遺體就地火葬，帶著遺骨回到德克薩斯州的家。姑且不論失去至愛的痛，光是在陌生土地上籌措後事本身，就不難想像會有多麼辛苦。

「將我的遺骨撒在我最愛的南島沖繩大海上。」松井女士臨終時如此表示。她的伴侶於是依其遺願，專程從美國飛來日本，在家屬與友人的陪伴下，租了船，在滿是藍色珊瑚的大海完成她的心願。對親友們而言，這趟沖繩旅行意外成了一趟「追思之旅」。

與愛犬共同長眠之所

我有位朋友非常喜歡西藏，算算彼此年紀，這位友人比我年長，也許會比我早走一步，所以我常想，萬一友人說：「希望死後能將遺骨撒在西藏。」該怎麼辦？在北京轉機到西安要花上一整天，然後再花一天轉機到西藏。雖然青藏鐵路已開通，但路程仍然十分遙遠。雖然很想完成友人的心願，但到時也已屆高齡的我，能夠忍受海拔近四千公尺的高山環境，完成這項任務嗎？

相較於此，我的遺願可就簡單多了。當年在京都生活時，我每年都很期待八月十六日的大文字五山送火儀式[註13]。當時我住的地方位於大樓最頂層，和友人在正對著大文字山的頂樓聚餐，便成了例行活動。

在我所任教的京都大學，學生之間從過去就流傳著這樣的笑談：「在大文字五山送火儀式當天，拿著火把站在『大』字右上方『一點』的位置」，京都的群眾、遊客就會看到「大」字變成「犬」字的奇景。只是，在京都消防單位嚴密的監控下，這種詭計根本不可能得逞。

但我心中有個小小的願望，就是希望能將遺骨撒在會成為「犬」字的那「一點」之處。我最愛的小鳥、小狗全都葬在那個位置（地點保密），所以我也希望自己能長眠於此。如此一來，每年送火時，大家抬頭就會看到一個「犬」字……雖然很在意自己是否能實現這個微不足道的心願，但礙於法律規定，我想還是別太張揚比較好。

單身者的挑戰人生

「連身後事都得面面俱到」，這是大限將至者的真心話。**對於有家人陪伴的人而**

註13：「大文字五山送火儀式／五山送火」是日本在盂蘭盆會（八月十六日）舉行的京都傳統儀式。在圍繞京都的五座山上分別以「大文字」、「左文字」、「船形」、「鳥居形」、「妙法」等樣式焚燒篝火，點火時間各山均約三十分鐘。關於起源有很多種說法，較為普遍的則認為這是盂蘭盆節時，為了迎接祖先魂靈回歸故裡的送火活動。

言，因為有著長久以來累積的習慣與禮儀，只要遵循即可；但以單身者來說，沒有什麼特定習慣，就得想想該怎麼做比較好，才不會造成別人的負擔。

雖然喪禮規劃和墓地形式等，也越來越重視單身者的需求，但到目前為止，許多事情仍處於嘗試階段。直到死前，甚至是往生後，都還得接受一連串的新挑戰，也許這就是一種專屬單身者的人生風格吧。

若是單身者能抱著這種想法享受人生，不管是誰都能將身後事處理得很圓滿，如此一來，便能安心地走完人生最後一程。

往生前，妳可以做的準備：

第一項　為了往生後能立即被發現，平常就要多與人接觸，建立良好人際關係。

第二項　儘早處理掉不能留下的物品。

第三項　關於遺體、遺骨的處理，最好選擇不會讓生者感到困擾的處理方式，並且讓生者充分瞭解自己的意思。

第四項　雖然全權交由他人處理，難免會造成對方的困擾，但若是提出太過無理的要求，而讓別人傷神，還不如委由別人全權決定，選擇最方便的作法。

第五項　準備好一切身後事費用及謝禮，千萬別認為別人的幫助是出於義務、是理所當然。

【後　記】

單身老後的逍遙自在

自處女作出版以來，我隔了許久才又推出這本新作。

全拜法研出版的超級幹練編輯弘由美子小姐之賜，就在我跟她愉快相約出遊時，不知不覺就接受了這份工作，一回神才赫然發現急性子但做事節奏明快的她已化身為催稿惡魔（笑）。另外，ADRIVE企劃室的武井真弓小姐也在工作上給予我莫大的協助。

我們三個都是年過五十的「敗犬」一族，這份工作自然非我們三人組莫屬。送完父母走完人生最後一程，自己的老年生活也近在眼前。「老媽，有我陪在妳身旁，還不錯吧？」照顧臥病在床的母親時，我曾對她老人家這麼說過。然而，「那等到我需要照顧時，又該怎麼辦？」自己心中的不安也不禁油然而生。

「以後年紀大了，該怎麼辦？」單身女性一路走來總是飽嚐這類威脅，而且世上更是充斥著太多關於老年生活的負面訊息，就算有孩子也不知道能不能倚靠，更何況必須面對「沒有孩子可依靠的老年生活」的妳，又該怎麼辦呢？

世人總是認為女人必須結婚才能獲得幸福。

但我認為不結婚也能過得逍遙自在。有人覺得離婚等於人生就此完蛋，其實真的碰到了，就會發現這不是什麼嚴重的大事。雖然有人說，不曾為人父母就只能過半吊子的人生，但我也很清楚在邁向成熟人生的過程中，生兒育女並不是唯一要做的事情。所以單身一族一點都不「可憐」，也不「悲慘」。

隨著人類壽命的延長，單身人口也跟著增加。超高齡社會的趨勢下，所面臨的是長壽者「皆為單身一族」的時代很快就會到來，與其恐懼一個人的老後生活，不如積極地面對它。只要消除對晚年生活的不安感，便會發現「什麼嘛！原來單身晚年生活這麼逍遙自在呀？」我（我們）就是抱持著這種想法來撰寫這本書。

而在背後推我一把的人，全是樂在享受單身晚年生活的女性前輩們。藉由她們長年累積的生活智慧，才能讓我們除去心中的不安，迎接晚年生活，因為她們也是一路努力過來的。香山理加小姐、酒井順子小姐，你們應該已經不再害怕「老」這個字眼了吧。

之所以會感到不安，是因為不清楚對象和目的而引發的一種情感。只要消弭每一個不安的因素，便能瞭解任何事都能靠己身力量解決。若還是做不到的話，大可使出女人的最後武器，善用「拜託啦！幫個忙啦！」就行了。

什麼？那男人怎麼辦啊？

這就不是我所能理解的範圍了。

我想男人呀，當個讓女人疼愛、討人喜歡的男人，就對了。

寫於新綠的初夏午後
上野千鶴子

人生顧問205

一個人的老後——獨身晚年是女人的第二人生，請大方快樂地享用！

作　者—上野千鶴子
譯　者—楊明綺
主　編—陳慶祐
責任編輯—王俞惠
插　畫—林怡芬
美術設計—張　克
執行企劃—汪婷婷

總編輯—周湘琦
董事長—趙政岷
出版者—時報文化出版企業股份有限公司
108019台北市和平西路三段二四〇號七樓
發行專線—（〇二）二三〇六—六八四二
讀者服務專線—〇八〇〇—二三一—七〇五．（〇二）二三〇四—七一〇三
讀者服務傳真—（〇二）二三〇四—六八五八
郵撥—一九三四四七二四時報文化出版公司
信箱—一〇八九九臺北華江橋郵局第九九信箱

時報悅讀網—http://www.readingtimes.com.tw
電子郵件信箱—ctliving@readingtimes.com.tw
生活線臉書—http://www.facebook.com/ctgraphics
法律顧問—理律法律事務所　陳長文律師、李念祖律師
印　刷—紘億印刷有限公司
初版一刷—二〇一五年六月十二日
初版十刷—二〇二四年九月十六日
定　價—新台幣二八〇元

時報文化出版公司成立於一九七五年，
並於一九九九年股票上櫃公開發行，於二〇〇八年脫離中時集團非屬旺中，
以「尊重智慧與創意的文化事業」為信念。

一個人的老後：獨身晚年是女人的第二人生，請大方快樂地享用！／上野千鶴子著；楊明綺譯.
-- 初版. -- 臺北市：時報文化, 2015.06
240面；14.8×21公分. -- (人生顧問；205)
譯自：おひとりさまの老後
ISBN 978-957-13-6275-5(平裝)
1.獨身 2.女性 3.老年 4.生活指導
544.386　　104007516

OHITORISAMA NO ROGO by Chizuko Ueno

Origianal Japanese edition published by Houken Corp.,Tokyo
This Traditional Chinese language edition published by arangement with Houken corp.,Tokyo in care of Tuttle-Mori Agency, Inc., Tokyo through Future View Techology Ltd, Taipei.

ISBN：978-957-13-6275-5
Printed in Taiwan